鲍鹏山讲《论语》

鲍鹏山 著

东方出版中心有限公司

图书在版编目（CIP）数据

鲍鹏山讲《论语》/ 鲍鹏山著. —上海：东方出版中心, 2021.5
ISBN 978-7-5473-1775-4

Ⅰ. ①鲍… Ⅱ. ①鲍… Ⅲ. ①儒家②《论语》-研究 Ⅳ. ①B222.25

中国版本图书馆CIP数据核字（2021）第095367号

鲍鹏山讲《论语》

著　　者　鲍鹏山
责任编辑　王欢欢
封面设计　今亮後聲 HOPESOUND 2580590616@qq.com · 小九

出版发行　东方出版中心有限公司
地　　址　上海市仙霞路345号
邮政编码　200336
电　　话　021- 62417400
印 刷 者　杭州日报报业集团盛元印务有限公司

开　　本　890mm × 1240mm　1/32
印　　张　6.75
字　　数　119千字
版　　次　2021年5月第1版
印　　次　2021年5月第1次印刷
定　　价　45.00元

目录

子曰：“弟子入则孝，出则弟，谨而信，泛爱众，而亲仁。行有余力，则以学文。”

——《论语·学而》

序言

孔子的丧礼与《论语》的诞生

《论语》是中国传统文化典籍里面最重要的一本书，它和中国文化史上，也是世界文明史上最伟大的人物之一——孔子，紧密地联系在一起。

当然，这本书里面涉及的人物不仅仅是孔子，还有孔子的一些杰出弟子，可以说这是一本关于孔子和他的弟子们的故事的书。

孔子是中国历史上伟大的圣人，而他的弟子们也是贤达之士，所以，我们也可以把《论语》称为圣贤之书。

一个伟大的老师，带着他的一些伟大的、了不起的学生，他们一生在一起切磋、交流、问学，留下了这一部伟大的著作。

所以，我们读《论语》，在某种意义上讲，就是以孔子为师，与颜回、子路、子贡这样的人做同学。从我们打开《论语》这本书开始，大家都是孔子的学生了，大家也就是颜回、子路、子贡的同学了。我也只是给大家做一个导学，更重要的是你自己必须和两千多年以前的颜回、子路和子贡一样，倾心向慕孔子，认真地去思考和揣摩孔子所达到的那种境界。这样，我们才能真正地有所收获。

就像其他的一切伟大的著作一样，《论语》也有它自己的生命。《论语》的诞生，可以说有一个比较悲凉，但是又很温暖的故事。

在公元前479年的4月11日，孔子去世了。孔子的妻子在孔子67岁的时候就已经去世。孔子唯一的儿子孔鲤，也在孔子70岁的时候不幸先孔子而去，孔子尝到了白发人送黑发人的人生的悲凉。

孔鲤给孔子留下了唯一的一个孙子。孔子的这个孙子就是后来大名鼎鼎的孔伋（字子思）。不过这个孙子岁数很小，在孔子73岁去世的时候，这个孩子也只有3岁。所以，甚至有人推测，他可能是孔鲤的遗腹子。

那么，在孔子去世的时候，他的妻子已经去世，他唯一的儿子也已经去世，谁来为他办丧事呢?

实际上孔子对此可能早有预感，他在周游列国的时候有一次病得很重，以至于昏迷了过去。在他人事不省的时候，他的大弟子子路就和其他的学生给他准备后事。不过，后来孔子又挺了过来，醒过来以后，孔子对子路等人超规格地办丧事非常生气。但是，他也很感动，说了一句话："我希望将来就死在你们的手里。"

所谓的"死在你们的手里"，也就是说孔子希望自己将来去世以后，丧事由弟子来给操办。

没想到一语成谶，等到孔子去世的时候，果然他的丧事也就只能由他的这些弟子来操办，而这些弟子也觉得义不容辞。

不过说起来也很凄凉，孔子当初这话是跟子路说的，希望自己的丧事由他们来办，但是，没想到，子路早在孔子去世前一年就已经死在卫国了。孔子一生最喜欢的、寄予最大厚望的一个学生——颜回，也先于孔子两年去世了。

那么，此时跟孔子关系最密切的学生，可以说就是子贡了。

在孔子生前，有三个学生跟孔子的关系最为密切，那就是颜回、子路和子贡。而现在颜回和子路都已经去世，剩下了一个子贡。子贡，这个杰出的外交家和成功的商人，可以说是上天给孔子留下来的最好的礼物。

从办丧事的角度来说，颜回和子路还真的不如子贡，因为颜回家贫，子路莽撞，而子贡既有钱，又有极强的办事能力，在当时的政界和诸侯列国之中拥有崇高的声望。所以，由他来给孔子办丧事，是最为恰当的了。

可是，现在又碰到了一个问题：弟子给老师办丧事，应该有什么样的礼节和规矩。这一点在《周礼》上并没有记载，因为，《周礼》虽然非常详细地规定了各种不同的人际关系之间处理丧事的一些礼仪，但是在孔子之前，并没有像孔子和他的弟子们这样密切的一种师生关系，没有非常明确的老师和学生的身份认同，而且也没有学生给老师办丧事的先例。所以，可以说这是中国历史上第一次由学生来给老师办丧事。

一帮弟子聚集在子贡的身边，他们在讨论如何给老师办丧事，可是老师是一个非常非常讲究礼仪的人，凡是不合礼的，他都会生气的。在周游列国的时候，老师病重，弟子们曾经给他按照大夫的规格准备过一个丧事，老师醒了以后，把弟子们严厉地批评了一番。现在老师去世了，弟子们做事可不能够违背老师生前一贯的主张。

大家商量来商量去，最后是子贡拍板定了个调子。子贡说：“老师生前早就把我们看成他的儿子了，颜回去世的时候，老师就是用对待儿子的方式来对待颜回的丧事，所以，现在老师死了，我们弟子也要像儿子对待父亲一样，用安葬父亲的礼仪来安葬他。唯一的区别就是我们不要穿丧服。”

后来，我们把这样的一种丧称之为心丧。何为心丧？孔子实际上并不是这一帮学生的父亲，但是学生们在心中把孔子当成了父亲，然后用对待父亲的礼节来给老师办丧事，我们就把它称为“心丧”。清梁章钜《退庵随笔·家礼一》：“虽不服其服而有其实者谓之心丧。”

这一帮弟子既然决定了要按心丧的礼节给孔子办丧事，那么，他们就要按照儿子对待父亲丧事的礼节服所谓的三年之丧。司马迁的《史记·孔世家》这样记载：

孔子葬鲁城北泗上，弟子皆服三年。三年心丧毕，相决而去，则哭，各复尽哀；或复留。唯子赣於冢上，凡六年，然后去。

《孟子·滕文公上》这样记载：

昔者孔子没，三年之外，门人治任将归，人揖于子贡，相向而哭，皆失声，然后归。子贡反，筑室于场，独居三年，然后归。

可见他们是老老实实为孔子服丧三年的，只是没有穿丧服。“不服其服而有其实”，这是一个重大的决定，这个真的是不容易做的决定。因为孔子去世的时候，这一帮弟子实际上都已经是国家的栋梁了，他们都有国家和家庭的重任在肩。比如说子贡，他有一个商业帝国需要打理，同时，他又是一个杰出的外交家和政治家。他是卫国人，同时因为他的老师是鲁国人，所以，他实际上肩负了鲁国和卫国这两个当时比较弱小的国家的外交事务。

那么，在这样的情况下，子贡要摆脱这一切事务，卸下这样的重担，然后给老师服三年之丧，这真的不是一个容易做出的决定。那么，其他的弟子也应该同样如此，比如说宰予，比如说有若。但是，他们都毫不犹豫地来到孔子的墓前，为他守三年之丧。

所以，我们说孔子是非常非常伟大的人物，也正是因为孔子具有如此伟大的人格魅力，所以才能够让他的弟子们如此这般地来对待他。

今天，我常常听人说，孔子就是一个普通人，对这样的说法我嗤之以鼻，这一句话几乎就是废话，因为你要说普通人，谁都是普通人。我们说孔子是普通人，我们也可以说鲁迅这样的人是普通人，托尔斯泰是普通人，莎士比亚是普通人，耶稣是普通人，释迦牟尼也是一个普通人。但是，我们真的觉得他们跟我们这些普通人是一样的吗？

所以，笼统地说一个人是普通人是没有意义的。如果你要说他跟我们没有区别，那么这样的说法更是非常非常的糟糕。为什么？因为你已经漠视了他们伟大的一面，漠视了他们和一般人不同的，超越一般人的出类拔萃的伟大之处。

比如说我就常常想，我也是一个做老师的人，我做了三十多年老师了，我有没有孔子这样巨大的人格魅力，我会不会有孔子这样的一帮学生，如此真诚地对待我？我真的对此表示强烈的怀疑。为什么？因为我觉得我是一个普通人，而孔子不是一个普通人。对今天的我们来说，他是伟大的；对整个中国文化史来说，他是伟大的。那些跟他打过交道的，在他的身边生活很多年的，听过他的话，看过他的一举一动的人，这些人和他有亲密的接触，对他有着切近的感受，他们对这样的人物产生了如此强烈的热爱的情感。这是一般人可以做得到的吗？

好了，现在我们再回过头来看一看，这一帮弟子按照儿子给父亲服丧这样的一个礼节来给孔子服三年之丧。那么，所谓的三年之丧，至少要服丧 25 个月，也有说是 27 个月，有这两种不同的说法。不管是 25 个月，还是 27 个月，在这段时间中，他们只能在孔子的墓前，搭上一间草房子，在这一间草房子里面，不能够有过多的装饰，他们睡觉只能睡在草垫子上，盖的也只能是草席子，枕头只能用土块。过这样的苦日子真的不是一般人可以做到的，一般人只有对自己的父母才可以勉强做到，而这一帮弟子心甘情愿地为孔子做了。他们把孔子当成父亲，用给父亲服丧的规格来祭奠孔子，来为他服丧，没有任何人对他们有这样的要求，这完全是他们自己的选择。

为什么我要讲这样一个故事？因为这一件事情和《论语》这一本书的出现有着莫大的关系。正是因为这一帮弟子在孔子的墓前，为他守丧三年，才促成了这一本书的诞生。

那么，这一本书的诞生和这一个守丧的举动到底是什么关系呢？我下一讲再接着跟大家说。

中国文化源代码——《论语》

前面我们讲到《论语》的诞生，和孔子去世以后，他的弟子为他服心丧之礼，在他的墓前为他守丧三年的故事有关。

在这守丧三年的过程中，《论语》最初的资料就开始被收集，并且得到了一定程度的编辑。

我们可以想象一下，这三年里面，弟子们在孔子的墓前，住在那样的一种特制的草房子里面，每天所能做的事情也就是在一起怀念、回忆老师跟他们在一起时的一言一行，一举一动，音容笑貌，大家在一起回忆老师曾经跟他们讲的一些话。所以，到了最后，他们就有了一个提议："我们为什么不把老师跟我们讲的这些话记录下来，传之后世，让更多的人也能够从中获益呢。"这是一个非常自然的过程。

然后，弟子们可能在这样的一种动念之下，就开始了各自的记述。当然，每个人记下来以后，把它们放到一起，大家来做编辑，然后把重复的去掉。比如说，有些时候孔子讲的一句话很多人都在旁边听到了，大家分头去整理的话，可能都会整理到，在把这些资料集中起来的时候，就要把这些重复的东西去掉。

但是，我们也发现一个有意思的现象，那就是《论语》里面，仍然有一些重复的章节。这些被保留下来的重复的内容，你可以将之看成编辑上的不够完善，但是也恰恰是这些细节给我们留下了最初资料汇聚过程中的一些痕迹。

这个编撰的过程，当然不是短期的。实际上，《论语》的编撰成书是一个持续数百年的过程。

我讲一个很有意思的故事。曾经有一个小学三年级的学生，在读《论语》的时候，才读了三章，就问了我一个问题，他说："老师啊，为什么《论语》里面记载孔子说话的时候，有些地方叫'子曰'，有些地方叫'孔子曰'？"我当时真的是非常的激动。我觉得这个孩子太善于发现问题了，我在大学里面教了三十年的书，没有一个大学生问我这个问题，反而是一个小学三年级的孩子问了我这个问题。

实际上，当他发现了《论语》在记载孔子话的时候，有的地方叫"子曰"，有的地方叫"孔子曰"，他实际上已经提出了一个非常重大的问题，那就是这一本书的编者，是有不同的身份的。

我们可以想象一下，记"子曰"的，这个"子"就是指孔夫子、孔老师，所以，直接翻译过来就是"老师说"。凡是记"子曰"的，那一定是孔子自己的学生记录的。而记"孔子曰"的，可能是孔子学生的学生，比如说他可能是曾子的学生，曾子的学生要记成"子曰"，那就不合适，因为他毕竟是更晚一辈的人了，如果他和他的老师曾子一样也记成"子曰"，那这个在某种程度上，就有一点托大了，就违礼了；第二，还有一个问题，如果记孔子的话叫"子曰"，那记曾子的话怎么办呢？要有所区别，只能记成"孔子曰"。

现在，我们看到《论语》这一本书里面，除了孔子称"子"之外，还有四个学生也称"子"，比如说曾参称曾子，有若称有子，冉求有时称冉子，闵子骞有时也称闵子。尤其是曾子和有子，在《论语》里面出现的次数还比较多，以曾子和有子的这样的一个口吻来说话的，也还是说了不少次，并且还说得挺有水平。所以，现在有人就猜测，应该是这四个人的弟子参与了这本书最后的成书过程。尤其是曾子，因为曾子比孔子小 46 岁，而且曾子一直活到 71 岁才去世，而《论语》里面竟然记到了曾子的去世。可见，这一本书的编撰延续了很长的时间，并且也可以证明，这本书的最后编订者里边肯定有曾子的学生。

当然，我们今天看到的这一本书，实际上从汉代才开始真正地成形，这个过程我们就不再多说了。

现在还有一个问题，这个问题实际上也是一个小学生问过我的，他说："老师，这本书为什么叫《论语》？"这个问题问得非常好。为什么这本书叫《论语》？我们来看一看，在我的想象里面，因为这本书最初是由孔子的弟子在孔子的墓前编的，所以，这个"语"当然就是孔子生前讲的话。那么，"论"是什么？"论"就是这一帮弟子在回忆，在怀念，在一起切磋、揣摩、交流和感悟。这些种种的意思加起来，就叫"论"。老师的话我们加以回忆，老师的话我们加以回味，老师的话我们加以揣摩，老师的话我们加以体会，并且"学而时习之"，加以践行。那么，选一个什么样的字最好呢？那就是"论"。

当然，现在也有人说，这个"论"在这个地方只读 lún，而不读 lùn。为什么在这个地方是二声，而不是四声？是因为这个"论"也有道德伦理的伦理之意，"论语"讲的就是人伦之礼，这个说法也还是有一定的道理的。

那么，《论语》里面记的全是人伦之语吗？那也不是，《论语》的内容还是比人伦之语更加丰富的。如果我们简单地认为《论语》就是一部记载关于人伦道理的书，那么，在某种程度上就把《论语》丰富的内容简单化了。

我们今天看到的《论语》这本书总共有20篇，有500多章，大多数都是孔子说的话，所以我们说“子曰”。有一个成语叫“子曰诗云”，实际上“子曰”和“诗云”分属两个不同的概念，“子曰”指的是《论语》，属于四书；“诗云”指的是《诗经》，属于五经。四书五经，是中国传统文化里面最核心的几本经典，所以，“子曰诗云”也就是四书五经的更为简单的一个称谓。

《论语》里面也不仅仅是孔子讲的话，还有不少他的弟子们讲的话。比如说我们前面讲到的曾子、有子，他们都有不少的话。在《论语》的第一篇里面，孔子讲了第一句。接着的第二章就是有子讲的。然后，孔子讲第三章，接下来的第四章就是曾子讲的。所以，弟子们讲的话在《论语》里面也还是占了相当大分量的，它们都很重要，我们不能够轻易地放过去了。

实际上《论语》也并不长，我们刚才讲到了，《论语》二十篇，500多章，多少个字呢？不到16 000个字，真的并不多啊。伟大的著作往往并不太厚，很厚的作品未必有非常深厚的内容啊。《道德经》也不过就约五千言嘛，《心经》才260个字啊。《论语》字数虽不多，但是内容可真是非常的丰富。

我们现在把这样的经典称为元典，元你可以理解为源头的意思，就是说它是思想之源。我们在计算机体系里面有一种说法叫源代码，没错，像《论语》这样的书，就是中国文化，甚至是世界文化的源代码。所以，这样的一本书，它的内容、它的重要性、它的作用远远地超过我们所读的其他很多很多的书。

《论语》的内容并不多，但是两千多年以来它给我们的启发却是源源不断的。《论语》从被编出来就一直是中国读书人的必读书，在20世纪废除读经以后，有很多人已经没有读过《论语》了，或者说至少是没有通读过《论语》了。

但是，在废除读经之前，中国的读书人只要进私塾，读的第一本书就是《论语》，而且必须是精读深研的，不像我们今天只是选读。

那么，《论语》是一本什么样的书，孔子到底说了一些什么，我在这儿可以给大家做一个简单的概括。孔子在这本书里面主要说了三件事：第一，孔子告诉我们什么样的社会是理想的社会；第二，孔子告诉我们什么样的政治是理想的政治；第三，孔子告诉我们什么样的人是理想的人。理想的人里面包括人格，包括我们应该拥有什么样的人生。

了解了这样的三个理想以后，我们可以说《论语》是一部关于理想的书。因此，《论语》就给了我们一个方向，给了我们一个目标，让我们知道，我们应该朝哪一个方向去努力。同时，《论语》也给了我们一个标准，我们可以用这样的标准来对今天的社会、政治和我们自己的行为做一个评判。

假如我们是一个政治家，那么就应该知道怎么样去做一个政治家，我们应该制定什么样的政策，我们应该构建什么样的政治环境。假如我们是一个商人，或者是一个学者，是一个普通的老百姓，那我们也知道用什么样的标准去判断这些政治家和国家的政治。有了这样的标准，我们才能够知道从政的人到底处于一个什么水准，他们是不是一个合格的政治家，是否符合我们对理想政治家的要求。同样，有了这样的标准，我们才能判断某一个社会是不是一个理想的社会。如果这个社会还有种种不足，我们也知道应该往哪一个方向去改善。做人更是如此了。

所以，《论语》是一本给人类以方向的书，一本有关理想的书。

我们常常说，一个国家需要方向，一个社会需要方向，我们自己的人生也需要方向。方向太重要了，我们的社会可以是不完美的，制度可以是不完善的，我们自己的人格、道德品格和伦理认知可能也有种种的不足，但是这些都没有关系，我们要知道方向在哪里，知道应该朝哪一个方向去努力，这一点非常重要。

《论语》的句式非常的整齐，句子也都要言不烦，有的很短："子曰：'君子不器。'"就几个字，所以有很多人把《论语》看成一部格言。甚至连伟大的哲学家黑格尔都是把《论语》当格言看的。我们今天很多讲《论语》的人，也都把《论语》讲成格言了。实际上把《论语》看成格言是对《论语》的贬低。《论语》不是格言，它是一部原生态的思想的记录。

我在这个地方讲"思想"这个词的时候，希望大家把它理解为动词，就是孔子一直在思、在想。

你可能会说，不对呀，孔子已经去世了，他如何在想，记在

《论语》里面的都是他曾经的思想，是他思考的结晶。

如果你这样读，你还是没有能够进入《论语》。你要进入《论语》的话，就要把《论语》当成一个未完成的、动态的，还在变化的一本书。

我们今天读《论语》，就要跟着孔子一起去思、去想。它不是一个已经有了结果的道德训诫，它只是给我们一个启示，它只是给我们一种可能性，它告诉我们可以这么做，这样做比较好，而不是说我们必须这么做。

当然，做人还是有些必须的规范，比如说我们做人必须仁，不能够不仁。当然，孔子作为一个伟大的思想家，他在给我们做一个人生提示。

还有一点，《论语》是中国传统文化中的经典，它是四书五经之一，所以，我们说《论语》是一部正经。但是，《论语》的编撰者们在编《论语》的时候，并不是一本正经地在编一本正经。

我说这个话是什么意思呢？就是说《论语》里面记录的孔子的很多话，并不是他深思熟虑的，而是他喜怒哀乐的即时表达，幽默的时候一句话，哀伤的时候一句话，愤怒的时候一句话，高兴的时候一句话，甚至有的时候发一句牢骚，弟子们也把它记下来了。好在孔子那个时候已经去世了，所以，这一本书是没有经过孔子本人审定的。正是因为没有经过孔子的审定，所以它可能保持了那个最原始、最生动、最真实的情况，我们由此可以走近孔子，走进他的心灵，我们由此可以把孔子读活，让孔子在我们的心中活起来。我们要把孔子的思想读活，不能把这种思想变成一个结论，变成一个训诫，而要变成我们自己思想的能力、思想的资源和我们思想的出发点。这样，我们就真的读懂《论语》了，这样我们也就没有委屈《论语》了，也就对得起两千多年以前孔门弟子及再传弟子们编撰《论语》的这一番苦心了。

第一讲 仁者义务

天性醇厚的曾子

曾子曰："吾日三省吾身：为人谋而不忠乎？与朋友交而不信乎？传不习乎？"（《论语·学而》）

曾子可是个大人物。《论语》里面第一个出现的是孔子，第二个出现的是有子，曾子就是第三个出现的人。曾子姓曾，名参，字子舆，他也是鲁国人。

曾子是个很有意思的人，他在孔子生前好像没有什么特别的表现，孔子讲的"四科十哲"的名单里面就没有他，和孔子关系最近的是子路、子贡和颜回，也没有他。而且，孔子还曾经对他有一个资质上的鉴定，叫"参也鲁"。什么意思呢？就是曾参这个人很笨，有这样的一个评价。当然，他到孔子门下也是比较晚的，他比孔子小 46 岁。可能跟这个也有一定的关系，因为他入门比较晚，岁数也比较小，论资排辈还没有轮到他，他的很多杰出的表现也还没有展示出来。但是，孔子毕竟给了他这么一个"参也鲁"的评价，说明孔子对他还是比较了解的。

但是，后来的曾子却无疑是一个非常伟大的人物。孔子死了以后，儒分为八，儒家分出了很多很多不同的门派，曾子一脉显然是这些门派里面最重要的一派，而且他这一脉里面，接连出现了子思和孟子这样的大家，稳固了儒学正宗的地位。

现在人们认为，《论语》这本书就是由曾子的弟子编成的，这个是有道理的。最早提出这个观点的是唐朝的柳宗元。柳宗元有一篇文章叫《论语辨》，在这篇文章中，他就提出了这么一个观点。他认为曾参在孔门弟子里面岁数是最小的，比孔子小了 46 岁，而且曾参活的岁数又很大。《论语》里面又偏偏记到了曾子之死，曾子死的时候孔子已去世 44 年了，孔子的其他弟子大概活着的也没有什么大家了。《论语》这本书记到了曾子之死，并且还把曾子称为“子”，柳宗元就认为，这本书最后的编订者可能就是曾子的弟子，比如说乐正子春，还有子思。

在孔子生前，曾子作为一个学生没有什么杰出的表现，但是为什么孔子死后，他的这一脉却能做出这么大的贡献？

原来曾子在孔子生前已经有了一些特殊的表现，从这些特殊的表现我们可以看出曾子本人的一些品性，这些品性对他后来的成功可能起了很重要的作用。

曾子是一个很孝顺的人。据说《孝经》最后就是由他写的，也有人说是子思写的。其实，即使是子思写的，也跟他有关系。曾参是一个大孝子，曾参的父亲曾皙也是孔子的学生，父子俩人都在孔子这儿求学。曾皙是一个脾气非常暴躁的人，有一天曾参在地里锄草，一不小心把一棵瓜苗给锄断了，这个本来真的也不算一件很大的事，但曾皙为此大发雷霆，责骂曾参。曾参很有意思，在父亲责骂他的时候，既不辩解，也不躲避，他就站在那个地方低着头，听着父亲骂。曾皙越骂越生气，最后甚至拿起一根大棒子打他。看到父亲拿着一根大棒子来打人，一个很孝顺的儿子应该怎么做呢？曾参老老实实地站在那个地方，没有跑。曾皙一棒子打下去，就把他打晕在地。曾皙也挺有意思，一棒子把儿子打昏在地以后，竟然不管不问，拂袖而去，回自己房间去休息了。过了很久，曾参才苏醒过来，苏醒以后，还好没得脑震荡，也还没有丧失记忆，还记得刚才是父亲把他打晕了。他干了什么事呢？他先到父亲的房间里，给父亲请安，告诉父亲自己错了。因为自己犯了错，所以父亲要教育自己，并且父亲为了教育自己，还要拿那么大、那么重的棒子，一定很累。于是，他跟父亲说："父亲，你为了教育我，拿那么大、那么重的棒子，你是不是很累了，好好休息吧。"

曾参讲完以后，回到自己的房间。他又想，刚才父亲把我打晕在地，他会不会担心我的身体有什么问题。为了让父亲不担心，他拿起琴，一边弹琴，一边放声高歌。意思是让父亲能够明白，儿子没问题，请父亲放心。

孔子听到了这个故事以后，并没有赞赏曾参，他非常生气。他跟其他的弟子们说，"今天曾参来了，我不愿意见他"。曾参去了以后，老师不见他，他觉得很奇怪。其他的弟子就告诉曾参，你要小心，今天你的父亲责罚你，把你打晕了，然后你那样的表现，我们的老师很生气，他不愿意见你。曾参觉得很奇怪，老师不是教育我们应该孝顺吗？我这么样地孝顺父亲，老师怎么还很生气呢？他一定要见孔子。

当然孔子不是不要见曾参，他只是让曾参知道他生气。见了曾参以后，孔子就问曾参一个问题："你觉得你比古代的那个大舜还孝顺吗？"这句话一问，曾参当然就非常紧张，自己怎么敢跟古代的那个大舜相比啊。孔子就说了："那我告诉你，舜也是很孝顺的，但是他的孝顺跟你是不一样的。舜在孝顺父亲瞽叟的时候，如果瞽叟小小地责罚他、批评他，他一定在旁边谦恭地承受。但如果瞽叟要来要他命，舜早就跑得不见影子了。你知道为什么舜要跑吗？你再想一想你自己，你父亲拿着一根大棒子来打你的时候，你竟然不躲、不让、不跑，如果你父亲真的一棒子把你打伤了、打残废了，你的父亲就要背上不慈的罪名；如果你被他打死了，他将来也会老无所依。你这叫孝顺吗?”曾参一听，那真是汗如雨下，一下子就明白了，跟老师道歉说，“老师，我错了”。

孔子在严厉地批评曾参的时候，可能在这一瞬间对曾参也会另眼相看，他可能会在责备曾参死心眼的同时，对曾参的这种仁而近于愚的天性暗暗称奇。专注于教育的孔子一定会明白，教会一个有原则的人适度地变通并不难，而一个有坚守的学生是难得的。曾参就是这样的一个有坚守的人。这可能是他后来成就巨大、后来居上的原因。

历史上关于曾参的孝顺还有不少的记载。《孟子・离娄》里面讲到，“曾子养曾皙，必有酒肉”，曾参在赡养自己父亲的时候一定会每顿都备上酒肉。他还因为不忍远离父母而拒绝就任高官，所以，在父亲曾皙去世之前，曾参一直过着非常艰苦的日子。等到父亲去世的时候，曾参“水浆不入口者七日”，七天竟然没有吃喝。

《孟子》也记到，曾子的父亲曾皙爱吃一种叫羊枣的野生的果子，曾皙死了以后，曾参就再也不吃羊枣了。

《庄子》里面还说到了，在曾皙死了以后，曾参心理上的变化。曾参第一次做官，官不大，俸禄很微薄，但是心里很快乐。为什么呢？因为双亲都在，有双亲可以孝顺。等到曾参第二次做官的时候，官做得很大了，俸禄也很丰厚了，物质生活得到很大的改善，但是父母不在了，不能用这么好的物质来赡养自己的双亲，他的心里一直很悲伤。

《论语》里面还有这样的一条记载，说曾子在晚年生病的时候，把门人弟子们都招到自己的身边，让他们看一看自己的脚，看看自己的手，它们都是好好的。为了保护好受之父母的身体发肤，他一生都像《诗经》所说的那样战战兢兢、如临深渊、如履薄冰，不敢有丝毫的懈怠，以防有所毁伤。从今以后，他终于可以放下了。

因为孝顺父母，而自己的身体是父母给的，所以也要善待自己的身体，一生都小心翼翼，不让自己的身体有所毁伤。他把爱惜身体看成是在好好地保护父母亲留下的遗物，这也真是一个“死心眼”的人。

所以，曾参的天性非常的纯厚。虽然他很笨，但是，淳厚的天性是对智商的最好弥补，说到底，天性的纯厚比智商更重要。看起来比较笨的曾参，有自己的人生原则，并且坚守不放。实际上，他拥有的是比聪明、比智商更重要的东西。正因为他有这样重要的东西，拥有了别人所不大容易具备的这样的一些优良的品德，所以他才能够最后脱颖而出，后来居上，成为孔门弟子里面成就最高的人。

三年无改于父之道

子曰："父在，观其志；父没，观其行。三年无改于父之道，可谓孝矣。"（《论语·学而》）

当父亲在世的时候，因为不能够自作主张，当家作主的是父亲嘛，所以只能观察你的志向，根据你的志向来判断你的为人；当父亲去世了以后，你已经当家作主了，你的行为都是由你自己来决定了，这个时候就要看你的行为。

这两句话，"父在，观其志；父没，观其行"，是讲观察一个人的方法。下面"三年无改于父之道，可谓孝矣"，是举个例子。比如说我要观察一个人，要看这个人品行如何，看他的德性、孝行如何，这其中有一条很有意思，叫"三年无改于父之道，可谓孝矣"，就是我们看他是否在父亲一去世就改变父亲立的规矩。

"三年无改于父之道"，这个"道"，我把它理解为父亲在世的时候定下的一些规矩。这个规矩可能是好的，也可能是坏的。有人就说了，既然是道，一定是好的，所以"三年无改于父之道"，不改变父亲留下的好的规矩，这就叫孝。

可是这样说也有问题。为什么呢？因为既然父亲的道是好的，那就不是三年不改的问题，那要永远不改才对呀。所以，这个"道"翻译成一个正确的、正当的道，好像不是很合适。

我的一个同学，青海师范大学的左克厚教授，我听过他做的一个解释，讲得非常好。他说既然要改，那就说明是不好的，虽然是不好的也不要在父亲一去世就改。为什么呢？因为这样做就等于儿子用自己的方式把父亲的缺点、错误和不足昭之于世了。

我觉得这个讲法很有道理，所以我在翻译这个“道”的时候，把它翻译成规矩，规矩就是个中性词，可以说是好的，也可以说是不好的。如果是好的规矩，当然要长期地坚持，甚至永远地坚持。即使不好的，出于孝道，出于对父亲的尊重，出于对父亲错误的掩饰，“父为子隐，子为父隐”嘛，那也应该慢慢地、悄悄地改。你发现了吗？如果你马上就改，你是改变你父亲的错误；等几年再改，你改的是自己的错误了。这不就把父亲的不对给藏起来了吗？孔子认为，这就是孝。

我举个例子，我父亲生前绝不允许砍伐我们家房屋周边的树木。当时我们那个村庄里面，有一个人不知道怎么回事搞到了一张砍伐证，然后就在乡间拿着一把电锯到处去砍伐树木。那时很多的乡民就图一时便宜，5 块或者 10 块就把树卖给他了。本来一个树木繁茂的村庄，就被砍得光秃秃的，剩下的都是一些不成材的树了。可是我的父亲严格地在我们家立规矩，我们家周边的树是不可以砍伐的。所以，现在整个村庄都没树了，就我家房屋的周边，林木参天，成为乡村的一道风景。

我父亲去世以后，我二哥在家里面当家作主了。有一天有人拿着砍伐证跑来了，说你们家周边的树，是不是可以卖给我们，现在价格比较高啊。我的哥哥就说，我父亲生前不允许砍树，这个规矩不能破。

实际上，我们家已经迁移走了，老房子现在也没有人住了，但是这些树仍然留在那个地方没有被砍伐。从功利的角度来说，这个房子你们都不住了，把树卖掉，把钱带走，多好啊！但是，我想问题不能这么看，因为我父亲的规矩，因为我哥哥的坚持，虽然我们搬走了，我们在乡间留下了这样的一些大树。我觉得一个美丽的、富饶的国家应该是这个样子：朝廷中有大臣，乡下有耆老；城里有大楼，乡下有大树。这样的国土，才是美丽富饶的国土啊。我父亲留下的这个规矩，我觉得那不是三年不改的问题，应该是千年不改，将一片美丽的土地留给子孙。

鲁迅先生曾经批评过、痛斥过“三年无改于父之道”。他说：“‘三年无改于父之道，可谓孝矣’，当然是曲说，是退婴的病根。假使古代的单细胞动物，也遵着这教训，那便永远不敢分裂繁复，世界上再也不会有人类了。”（《我们现在怎样做父亲》），鲁迅先生的意思是什么呢？就是说人类总需要不断地进步，不断地改革，甚至不断地改变，这个民族才会进步。一个民族如此，一个人也如此。

鲁迅的话讲得对不对呢？讲得非常好啊。现在有些人说，如果我们赞成鲁迅，那就应该反对孔子；如果我们赞成孔子，那就应该反对鲁迅。我觉得这都是滞碍不通的人的思想。

我特别地崇拜孔子，但同时我又特别地尊敬鲁迅。我在鲁迅的文章里面看到鲁迅骂孔子，我从来没有由此觉得孔子不伟大，孔子照样伟大。鲁迅的批评有鲁迅的出发点。在我的眼里，这两者之间一点都不矛盾。

鲁迅讲的这句话当然是不错的，尤其是鲁迅讲话的时候是身处他那个特别的时代。鲁迅是针对那个时候国家积贫积弱、保守封闭的状况，也是针对当时的那些保守的势力和保守的人。所以，鲁迅这个话是有他的针对性的。所以，我并不觉得他们两个人的观点有什么冲突。

从历史上看，孔子的这句话往往成为一些人维护旧传统，反对变革的理由。比如说历代的朝廷里面保守的大臣，在反对变革的时候总是搬出一句话来：祖宗之法不可改。他们认为只要是祖宗定的，就不可改。他们都是拿孔子的“三年无改于父之道”来作为他们的一面大旗，用孔子来为他们张目，这些人看起来是在坚持孔子之道，实际上是在反对孔子。

我们前面已经说了孔子讲的“三年无改于父之道”，并不是说这个道不改，只是要找一个合适的时机改。我们进行改革，我们对外开放，我们做任何一项事业，都要注意找一个合适的机会，减少它的成本，减少新的政策给这个社会带来的阵痛和伤害，难道不是这样吗？

孔子在这个地方说的是一个儿子对于去世的父亲的感情问题。在他的观念里面，儿子孝顺，家庭和睦，从某种意义上讲，比发展进步更值得我们去尊重，至少我们要寻找一种平衡。在父子亲情和发展进步这两者发生冲突的时候，孔子会选择优先维护家庭的亲情。况且，一切的发展进步也都是以幸福和谐为目标的，都是以人性的善良和仁爱为基础的。而如果违背了基本的家庭伦理，甚至破坏了父子之间的天伦亲情，你就是升官了，发财了，挣了很多钱了，盖了很高的楼了，你真的幸福吗？

记住，家庭不是一幢房子，更不是一幢装修得富丽堂皇的大楼，家庭更重要的元素是一家人的和睦，是父慈子孝，夫良妻贤。所以，孔子的这一段话从这个角度去理解，那就基本没问题了。

有态度地赡养

在《论语》的第二篇里面，有好几章集中地讲了孔子与弟子们谈论孝顺的问题。把这几章放在一起，可以看出《论语》编撰者的用心，可以感觉到儒家特别重视孝道。

孝顺在中国古代为什么那么被强调，我觉得跟中国古代的养老模式有关。在古代社会，没有我们今天的社会养老，没有养老金等，社会和国家并不承担个人养老的责任。这个责任是由子女来承担的。当然，中国古代的乡村对一些孤寡老人，也会有一些相应的辅助制度，但是只要有子女，养老那就一定是子女的责任。

所以，在中国古代这样地强调孝顺，是有它的历史必然性和它的合理性的。在古代，有这样的一种说法，叫“百善孝为先”。但是，我们一定要知道，“百善孝为先”，并不是说孝就百善了，或者说孝是所有的善里面最重要的，这个倒不一定。它只不过是说，是不是一个好人可以先看一看你是不是一个孝子。很多大奸大恶之人，同时也是真的孝子。所以，孝并不说明该人真的就拥有众多的美德。

仁者必孝，但是孝者未必仁。从逻辑学的角度来看，孝是善的必要条件却并非充分条件。就是说，如果一个人不孝，那肯定不是好人，但是孝子也未必就一定是好人。相比较而言，孔子思想中的核心——仁，我觉得就是善的充要条件，因为仁者必孝，而仁者在其他的方面也一定是一个好人。所以，仁的重要性肯定要高于孝。

孝道思想在孔子思想体系中的地位未必有那么高、那么重要。

我们现在来看看《论语》的第二篇第七章，“子游问孝”。子游姓言，名偃，字子游，也是孔子的弟子，他来问孔子孝顺是怎样的。孔子的回答也很有意思。

子曰：“今之孝者，是谓能养。至于犬马，皆能有养；不敬，何以别乎?”（《论语·为政》）

孔子在这个地方先纠正了一个世俗的观点，人们一讲到孝，说能够养好父母，等到父母老了给他饭吃，给他衣服穿，不要让他受冻，不要让他受饿就可以了。孔子说，这显然不行。为什么呢？因为你家里面不也同样养着狗、养着马嘛，如果你只是说能养就叫孝顺，那么，请问你在家里养养动物，是不是也叫孝顺呢？这在逻辑上显然很荒谬。就是说，你不能说我对动物也很孝顺，这是其一。

其二，你不能够用对待动物的方法来对待父母，你总得有所区别吧。那么，这个区别是什么呢？孔子提出了一个关键的词，叫“敬”。所以，他反问：“不敬，何以别乎?”

我们今天很多地方为老人建了养老院，我觉得这个名字取得就不大好。有些地方不叫养老院，叫敬老院。要我来说，养老院还真的要改成敬老院。

中国古代哲学史上有一个论题叫“人禽之辨”，这个论题始于孟子，但实际上我们说它的发源要在孟子之前了。人和动物的区别是什么？人有德性，而动物没有德性；人有心灵，而动物没有心灵。人既然有了德性，又有了心灵，所以，人就需要有体面，人就需要有尊严。所以，对人的养，不仅是养其体，还得要不伤其心，还得要给其足够的尊重。

《礼记·祭义》引述了曾子的话："孝有三：大孝尊亲，其次弗辱，其下能养。"你看，曾子讲了孝的三重境界，能养只排到了第三位，也就是最低的一种境界。

孝的最高的境界是什么？"尊亲"。要尊重父母双亲，要让他们感觉到他们虽然老了，甚至失去劳动能力了，虽然是被别人养着的，但是他还是有尊严的，还是受人尊敬的。这一点非常重要，这是最高的境界。

其次的境界是"弗辱"。这里的辱当然不是故意的侮辱和羞辱，而是不要伤了父母的面子，不要伤其自尊，不要让他们感觉到他们是无用的人了，要让他们感觉到他们仍然是这个社会里面受人尊重的人，并且是很重要的、家庭里面不可或缺的人。这时的养就不仅仅是养他们的身体，而且是在养他们的精神，养他们的心灵。

所以，孟子也说："孝子之至，莫大乎尊亲。"（《孟子·万章篇上》）

孟子还讲过这样的话："食而弗爱，豕交之也；爱而不敬，兽畜之也。"（《孟子·尽心上》）给父母饭吃，但是却不爱他们，那跟喂猪有什么区别呢？说爱父母，可是却不敬他，那跟爱一个动物又有什么区别呢？

《礼记·坊记》里面也有这样的话："小人皆能养其亲。"是啊，我们看到很多人在法律、习俗的压迫之下，给父母饭吃，但是没有敬。如果一个君子做不到敬父母，那么请问君子和小人又有什么区别呢？

我们来做一个总结：孝顺就是有态度地赡养。有什么样的态度？尊的态度，敬的态度，爱的态度。有了这样的态度，那才是真正的孝顺父母。

天下父母都有老病

子夏问孝，子曰："色难。有事，弟子服其劳；有酒食，先生馔。曾是以为孝乎？"（《论语·为政》）

子夏是孔子晚年的一个弟子，所以，子夏问孝的时候应该是在孔子自己也已经到了晚年的时候。

不过说到这一点，我倒要说一说，孔子实际上是非常不幸的。我们说人生有三大不幸，叫早年丧父，中年丧偶，晚年丧子。应该说这三条孔子都遭遇了。

孔子 3 岁时就失去了父亲，应该说孔子本人确实是没有机会孝顺自己的父亲的。他跟樊迟说，一个人要孝顺自己的父母，要"生，事之以礼"，可是，孔子是没有机会对自己的父亲事之以礼的。而孔子的母亲在孔子 17 岁的时候也去世了，在那个时候，孔子还真的没有多少能力可以给母亲以更好的孝敬。我想，这个可能是孔子的终生之痛。

到了中年，孔子又遭遇了中年丧偶。孔子 55 岁离开自己的祖国，出去周游列国，在这个时候，他和自己的妻子是什么样的关系呢？有两种说法：一种说，此时的孔子实际上已经出妻，也就是说孔子和他的妻子亓官氏已经离婚，这个时候，孔子实际上已经没有了伴侣。即使没有离婚，孔子离开鲁国，他的妻子并没有随行，接下来 14 年，孔子在外面漂泊，也是孤身一人，身边陪伴的只有他的学生，他的儿子都没有跟随他。他 68 岁时回国，在他回国的前一年，也就是在他 67 岁的时候，亓官氏就已经去世。孔子回国，连面都没有见上。

回国后，孔子和唯一的儿子算是团聚了。孔子有女儿（孔子有几个女儿，现在我们不好考证）。但是，他的这个唯一的儿子在孔子 70 岁的时候，也先他而去。因此这个儿子不但在孔子的生前不能尽孝，到孔子去世也不能为孔子主持丧事，为孔子守丧祭祀，让孔子尝到了白发人送黑发人的痛苦，这叫晚年丧子。

所以，我们看看，人生的三大不幸，孔子都遭遇了。早年丧父，青年丧母，使得他没有多少机会来孝顺自己的父母。晚年丧子，也使得他不能够得到自己儿子的孝顺。

孔子是一个大圣人，但是，孔子也是一个大不幸之人。

好在孔子有那么多的学生，他在心中早已经把这些学生看成他的儿子。这些学生也像他的儿子一样，爱着他，敬着他，孝顺着他，因此孔子晚年是有依靠的，有安慰的。

子夏就是孔子晚年招的学生之一，也是非常出色的一个学生。

我们来看一看这一章子夏的提问。

子夏问孝顺父母的道理，孔子说：子女在父母的面前，给父母一个好的脸色是很困难的事儿。现在，一般人都认为有事情弟子来效劳，有酒食请年长的父亲和兄长来吃喝，那就是孝了。

难道这就是孝吗？显然，孔子认为仅仅给父母，给长辈做一些事儿，有酒食能够让他们吃，还不算孝顺。真正的孝顺还要有一个好的脸色。

在《论语》讲孝顺的这几章里面，我一再讲，孝顺在儒家的文化里面固然非常重要，但绝不是核心。

《论语》第一篇里面也讲到了，孔子说，养父母不是最重要的，敬父母才是最重要的。那么，这一章又讲到了脸色。实际上，孔子都在讲如何真正地发自内心地去孝顺自己的父母，让父母感觉到你对他的孝顺和敬爱。

养在今天实际上已经并不那么重要，绝大多数人在现代社会里面，都可以享受到社会和国家给予的养老待遇。所以，重要的不再是养，而是敬。

同样，“有事，弟子服其劳；有酒食，先生馔”，也已经不重要了，今天社会有很多的服务机构，有义工，“劳”在今天也已经不难了。难在哪里？难在子女的脸色。

上一章孔子讲“敬”，这一章孔子讲“色”，敬必有色。要有好的脸色，需要心中有敬。所以，“色难”。脸色很难，难不在于养，难在于敬，敬形于色。

我们来看看孟子记载的一个故事，这个故事挺有意思。讲的是曾子、曾子的父亲和曾子的儿子，这是曾家三代人孝顺的故事。

曾子在孝顺自己的父亲曾皙的时候，“必有酒肉”，每一顿饭他一定要给父亲准备酒肉。等到父亲吃完了，要把这些吃剩下的端下去的时候，曾子一定会问父亲：“没有吃完的，您想送给谁去吃？”然后按照父亲的意愿把吃剩下的送给别人去吃。

这儿要做一个说明，今天我们一般人不会吃别人吃剩的东西。但是，在古代可不是这样，尤其是酒肉这样的精美的食物，别人吃不完的，如果要送给谁，那是对别人莫大的馈赠。所以，曾皙每次在吃完以后，剩下的东西他要送给想给的人去吃，曾参知道父亲也有这样的意愿，所以，他每次必定要请示父亲。如果曾皙还要问：“厨房里面还有没有多余的呀?”曾参一定会说：“ 有。您放心。”为什么还要问有没有多余的呢？有多余的可能曾皙还想拿出来送给别人。这是曾参的做法。

等到曾皙死了，曾参老了，曾参的儿子曾元在孝顺曾子的时候，就有区别了。曾元孝顺曾子，也是每顿“必有酒肉”，这两者是相同的。不同的是，等到曾元把曾子吃剩下的端下来的时候，他不再去问自己的父亲吃剩下的想送给谁。如果曾参要问自己的儿子曾元，厨房里面还有吗？那曾元一定会说，没了。为什么说没了呢？因为他不愿意让父亲把这些东西送给别人，他要留着下一顿再给自己的父亲吃。

孟子对曾参和曾元父子两代孝顺长辈的态度和做法做了一个比较。他说，曾子孝顺父亲，这叫养志；曾元孝顺父亲，仅仅是养体、养口。

为什么曾子孝顺曾皙就叫养其志呢？因为曾参尊重曾皙的意愿，我不仅让你自己吃得好，还要遵照你的意愿把你吃剩下的东西送给你想送给的人。你看，两个动作，养你的口体，让你吃好了；同时，还要满足你的意愿，满足你的意志，你想怎么样，我就怎么样去做。

上一章讲“敬”，已经很不容易做到了，这一章讲“色”，色其实更难。我们有时候哪怕是敬，也会有不耐烦的时候。民间有一句话叫，久病床前无孝子。久病很难有孝子，倒并不是说子女就抛弃老人，不再来养老人了，甚至内心就对老人没有敬意了，而往往是指子女在这个时候就很难保持愉悦的、恭敬的神色了。

孔子讲这一句话，真的是洞悉人性。我们一般人谁能够在久病的父母床前一直保持恭敬的、爱戴的脸色呢？这真的是对人性的一个大大的挑战。

但同时，我们说，孔子讲色难，要求我们即使在不耐烦的时候，即使在久病父母的床头，仍然一定要保持愉悦的、和睦的脸色，那是对年老多病的父母的一种出自内心的、深切的同情和理解。

色难，是因为我们人性有弱点，但是难了也得要保持，因为老病的父母需要我们发自内心的敬爱。他们此时非常脆弱，我们一点点的不愉悦的脸色，一点点的不恭敬的、不耐烦的脸色，都有可能让他们受到深深的伤害。

这两个字既洞悉了人性的弱点，又体现出孔子对人间老人的慈悲之情。天下父母都有老病之时，但是天下的子女也都有不耐烦之日。父母之难难在人人不可避免的老病，子女之难难在日日的坚持与耐心。

我们要体谅父母的难，那是人生的无奈；但是我们也感叹子女的难，那是对子女的理解。

人生在世，有多少烦难，体味了这些，就会多一分宽容。孔子的一声“色难”，既是对子女的要求，也是对子女的宽容，还是对父母的安慰和悲悯。一声“色难”是孔子对人间的大慈大悲。

事父母几谏

子曰："见贤思齐焉，见不贤而内自省也。"（《论语·里仁》）

曾子曾经讲"吾日三省吾身"，孔子讲"自省"，意思都是一样的。孔子还讲一个词叫"自讼"，自我批评，就是不放过自己，自己不断地在批评自己，自己犯了哪些错误，自己有哪些罪过，自讼这个词更严厉一点。见贤思齐，看到比我好的人，我要想着和他一样好。如果看到不好的人呢？要自省，反省自己是不是也有同样的毛病。

我们说，看到好的人想和他一样好，这很正常，是羡慕嘛。我们有的时候羡慕别人有地位，那我们也努力；我们羡慕别人有钱，我们也努力；我们更要羡慕别人有德、有才，这个就叫见贤思齐。

见到不贤怎么办？有三种态度。

第一，跟着学，跟他一样坏？虽然理智告诉我们不能这样做，但是事实上确实有很多人看到有人做坏事，看到有人做坏人，觉得做坏人也能得到很多好处。有一个小朋友就曾经对我讲，长大做坏人。我问他为什么长大想要做坏人？他说，电视里的坏人天天吃喝玩乐，所以做坏人比较好。

你看我们的影视剧给别人的感觉就是坏人总是活得很好，好人总是活得很辛苦。

事实还真不是这样，坏人有胆战心惊、夜里睡不着觉的时候；

好人坦坦荡荡，有他舒服的、平定的、淡定的时候。所以，我们有的时候，不要把坏人写得整天吃喝玩乐，这样反而让别人觉得做坏人还挺好。这一点我们在影视上要注意反省。

第二种，就是看到不好的人，我们有优越感，然后就批评他。

第三种态度，就是我当然不能像他一样坏，最重要的是，我通过他的不贤而反省自己是不是也有同样的毛病。

所以，孔子还有一句话叫“三人行，必有我师焉；择其善者而从之，其不善者而改之”。你看，“择其善者而从之”就是“见贤思齐”，“其不善者而改之”就是“见不贤而内自省”。向比我们强的人学习，这是常人都能理解的，当然，理解未必能做得到。但是，孔子在这里又提出了另外一条学习的方法，从不贤、不善的人那里反观自身，看看这些人身上的缺点和毛病，自己身上有没有，如果有，那就赶紧改掉，这也是一种学习。

老子也说过这样的话，“故善人者，不善人之师；不善人者，善人之资”，意思是善人是不善人的老师，贤人是常人的老师；但是那些坏人呢？也有他的用处：他们是我们的一面镜子。在镜子里面，我们看到的不是别人的污点，也不是镜子的污点，而是我们自己身上的污点，所以要自省。

好，我们再看第四篇第十八章——

子曰：“事父母几谏，见志不从，又敬不违，劳而不怨。”（《论语·里仁》）

接着下面的第十九章、第二十章、第二十一章，都是在讲跟父母的关系。

我们看看这一章，“事父母几谏”，侍奉父母，假如他们有什么不对的地方，我们要委婉地劝说。“谏”就是劝说，“几谏”的“几”就是委婉、轻微、含蓄的意思。你不能直接说，要含蓄地劝说，要委婉地劝说，这就叫“几谏”。

实际上我们说，跟所有的尊长在一起，当你发现他们有缺点，有不足的时候，如果要劝说，都要委婉地劝说。

在《诗经》里面有“谲谏”的说法，“谲”也是委婉的意思。

那么，劝说不听怎么办？要“见志不从，又敬不违”，你还得孝敬他们，不要违背他们，并且要为他们付出很多的辛苦，甚至还不要怨恨。

孔子在这个地方讲的是两害相权取其轻，父母有过错，这是“一害”，我们要劝谏。但是，假如劝谏太直接，太冲撞，就有损于孝道。有损于孝道，与父母有过错这两者相比，有损于孝道更糟糕，所以要委婉地劝谏。

假如父母不听劝告，我们因之失望、生气，甚至和父母起冲突，那就更加有损于孝道。所以，这时我们还得要“又敬不违，劳而不怨”。这并不是说这样做就是最好的，而是这样做是较好的。这个世界上，如果让我们在好和不好之间选一个，那很容易，在坏和不坏之间选一个也很容易。最难以选择的是，在都好的时候你选一个更好的，在都坏的时候你选一个稍微好一点的。这就叫两害相权取其轻，两利相权取其重。

好，再看第十九章——

子曰："父母在，不远游，游必有方。"（《论语·里仁》）

这一章也是大家都非常熟悉的。我们今天很多人说，这个话落后了，这句话不是把我们都局限住了？你看看，西方人都是满天下地跑，中国人强调"父母在，不远游"。我觉得我们读书不要这样拘泥。"父母在，不远游"，它讲的是在古代社会，我们随便地去一个地方，那都是杳无音信的。从鲁国到齐国去，来回也得要半个月呀。而且，在这个过程里面，路途艰险，豺狼虎豹、强人出没，你还没有很好的通信设施，不是说随便打个电话就可以报平安，甚至那个时候连基本的民间通信——书信都难以顺利送达家里。你出门了，父母在家何等担忧啊。

所以，孔子讲的是在那样的时代，跟今天当然不一样了，你今天从中国到美国，坐飞机也就十几个小时就到了，并且通信这么发达，你当然可以远游了。所以，读书不要读笨了，只要不笨，你就能够理解在那样的交通和通信不发达的情况下，孔子讲这样的话，是多么地可以理解。"父母在，不远游，游必有方。"是父母对子女的牵挂，也是子女对父母的孝顺。

在今天通信、交通如此发达的情况下，你当然可以远游。但是记住，"父母在，不远游"的道理和意思还是在的。因为即使在今天这样的情况下，你远游了，也得要记住及时地给父母一个音讯。这个"远"既指空间上的远，也指心理上的远。今天你有了很好的通信工具了，但是如果你自己不给父母打电话报平安，这还是一种远游。因此，“父母在，不远游”，在古代指的是不要跑到很远的地方去，在今天指的是你可以跑到很远的地方去，但是记住，你家中有父母，你必须随时地、及时地给父母一个确定的音信。如果你没有确定的音信，那也还是跟古人一样，“远游”了。

再看后面还有一句，叫“游必有方”。孔子还是开了一个口子，因为人生在世，总有很多不得已，有时一定要游。这时怎么办呢？有方。有一定的方向，有一定的方位，有一个确定的去处。

当然，这个“方”的另一层含义就是理由，我为什么要去远游，我去追求事业，或者是为国出使，这都叫有方。而如果不是为了自己的事业，也不是为国家效命，不是为了一个正当的理由，只是说，我就是出去玩一玩，我就是不愿意在家待，我就是觉得世界那么大，我想去看看，那么这就不叫“有方”。

“游必有方”有两层意思：第一，有一个确定的地点；第二，有一个正当的理由。下面我们看看第二十一章——

子曰：“父母之年，不可不知也。一则以喜，一则以惧。”（论语・里仁》）

孔子说，父母的年纪啊，你是不可以不了解的呀。一方面为他们的高寿而欢喜，另一方面要为他们的日益衰老而担心。

“一则以喜，一则以惧”，这句话真的让我深有感触。父母对子女有至恩，恩重如山；子女对父母有至情，情深似海。所以，父母的年龄你一定要记挂在心上，父母又年老了一年，你要高兴父母又长寿了；父母又老了一年，你要悲哀他们又老了一岁了。“一则以喜，一则以惧”，讲的就是孝子内心的一种心理变化，这种心理的变化乃是基于人间的至情至爱的。

孔子讲话，有时候讲得很高、很大、很深、很远。实际上，这些很高、很深的表述都是基于人间的最切近的基本人情的。所以，孔子讲子女的孝顺、讲朋友之间的忠信、讲兄弟之间的感情时，大家老觉得他在讲道德，实际上，孔子讲的是感情。

讲感情就有道德，讲道德就必须讲感情。道德基于人间基本的情感，而我们尊重了人与人之间的这些基本的正常的情感，我们也就是在遵循着一种道德的规范。这两者之间，合二为一。

动容貌，正颜色，出辞气

《论语》第八篇第三、四两章都跟曾子有关，并且这两章都讲到了曾子生命垂危之际发生的事儿。一次是曾子垂危之际和他的弟子们的一次谈话，另一次是和一个鲁国大夫的谈话。

我们先看看第一章，就是第八篇第三章，曾子和他弟子们之间的一次谈话。

曾子有疾，召门弟子曰："启予足！启予手！《诗》云：'战战兢兢，如临深渊，如履薄冰。'而今而后，吾知免夫！小子！"（《论语·泰伯》）

你看，这个口气就是一个命令式的口气。为什么呢？因为这是他的弟子，说话的语气当然就是这种居高临下的，老师跟弟子说话的那种口气。

曾子在病重之际，把门人弟子召集到自己的身边，围绕在自己的床边，然后告诉他们："启予足！启予手！"什么叫"启予足，启予手"呢？就是打开被子看看我的足，看看我的手。干什么呢？下面是这么说的："《诗》云：'战战兢兢，如临深渊，如履薄冰。'"《诗经》上曾经有这么三句话：战战兢兢，如临深渊，如履薄冰。这三句话不用翻译了，战战兢兢现在是我们大家耳熟能详的一个成语，指的是一种非常小心翼翼的状态。这种状态是一种紧张的、戒惧的状态，一种生怕出事的状态。那么，生怕出什么事儿呢？曾子在这里还真没说，他只是下面接着说了这样的话："而今而后，吾知免夫！"从今以后，我就不用再这么担惊受怕了。最后还来了一句："小子们！"

这种到临死的时候觉得是一种解脱的惧怕，是怕什么呢？讲到这儿，我们就要讲一讲曾子这个人了。

我们知道，曾子是一个大孝子啊，传说《孝经》就是他写的，当然，是不是他写的并不重要。重要的是，《孝经》确实写到了他和孔子之间的对话，而且有人说《孝经》是孔子口述，曾子记录的。

在《孝经》"开宗明义"的第一章里面，就有这样的话："身体发肤，受之父母，不敢毁伤，孝之始也。立身行道，扬名于后世，以显父母，孝之终也。夫孝，始于事亲，中于事君，终于立身。"基于这一段话，我们就可以理解，曾子为何在去世之前，让弟子们打开他的被子，来看一看他的手和脚，然后说，"我战战兢兢、如履薄冰、如临深渊的这一辈子终于可以结束了，我现在终于可以放下了，终于完璧归赵了"。这种惧怕指的就是自己的身体发肤受损，因为身体发肤是父母给予的，所以，伤害自己的身体，就相当于伤害父母的身体。好好地保护父母留下的这个身体，这是一种孝，而且是孝之始。

什么叫孝之始？孝之始倒不一定是孝的最高境界，而是一个孝顺的人应该在日常生活中要时时想到，时时做到的，这就叫孝顺。

孔子在回答弟子们孝的有关问题的时候，曾经讲过这么一句话："父母唯其疾之忧。"父母担心儿女会生病。这句话里面，就是说孝顺的子女，尽量不要让父母亲为之担心。凡是他自己能够避免的事情，他都应该去避免，不要让父母担心。

我们上学的时候，好好学习，不要让父母担心；我们工作的时候，好好工作，不要让父母担心；我们成家立业后，每一步都要走得稳妥，不要让父母担心。这就是孝顺了。

这里面其实就包含着你一生对自己的保护，行为稳当，不莽撞，不冒险，不冲动，不好勇斗狠，这都是孝顺。

你要知道，孝顺实际上就是体察父母的心情，父母一生最担忧的不就是子女吗？父母一生最珍惜的不就是子女吗？他心中最珍爱的，最不忍心伤害的，不就是子女吗？所以，照顾好自己，也就是孝顺父母。

但是，讲到这儿，我们还得加以说明。因为孔子的这个话里面，实际上有三个层次：叫"身体发肤，受之父母，不敢毁伤"，这只是孝之始。然后还有"立身行道，扬名于后世"，用自己的行为让父母的名声被后世记住，那才是孝之终。所以，孔子有个总结，叫孝"始于事亲，中于事君，终于立身"。什么意思啊？就是说孝顺，当然要从侍奉自己的父母开始，同时"中于事君"，在中等的这一个阶层，要好好地侍奉国君。这个侍奉国君倒不一定像我们想的所谓的忠君，而是要有自己的一份事业，要对这个世界有所贡献，要做好自己的工作，这就是孝顺的中间境界。那么，孝顺的最高境界、最终境界是立身。何为立身？就是立得正，站得直，有事业，同时有德行，这就是最大的孝了。

还有“身体发肤，受之父母，不敢毁伤”，只是指一般情形，有的时候，比如说有更大仁德需要的时候，人应该选择杀身成仁。所以，孔子曰杀身成仁，孟子曰舍生取义，这才是孝道的最高境界。

我们再看看第八篇第四章，这一章是曾子在病重之际，对来探望他的一个鲁国大夫说的话。这个鲁国的大夫叫仲孙捷，谥号敬，所以，称他为孟敬子。

曾子有疾，孟敬子问之。曾子言曰：“鸟之将死，其鸣也哀；人之将死，其言也善。君子所贵乎道者三：动容貌，斯远暴慢矣；正颜色，斯近信矣；出辞气，斯远鄙倍矣。笾豆之事，则有司存。”（《论语·泰伯》）

我们先简单翻译一下。曾子病重时，孟敬子去探望他，曾子就告诉他说：“鸟快死的时候，鸣声是悲哀的；人要死的时候，说话是善意的。你要注意，君子最要重视的是道德的三个方面：第一个是严肃自己的容貌，因为这样就可以远离粗暴无理了；第二个就是端正自己的脸色，这样就容易被别人信任了；第三个是说话注意言辞和口气，这样就可以避免粗野了。至于其他的礼仪的程序和操作，这个实际上由有关人员去做。”君子最要关注的，是修身。

这一章有三点内容要说。第一个就是曾子这一段话里面有这么几句大家耳熟能详，并且经常被引用的话，“鸟之将死，其鸣也哀；人之将死，其言也善”。这个讲的真的是非常感人，曾子是用一种虔诚之心来讲这句话的。讲的是人在一种特定的情形之下，都会露出自己的真情，露出自己善的一面。这句话甚至可以成为孟子所讲的人性本善的一个根据。人一生的言谈举止、行为处事和选择，往往可能会受利益的驱遣，心灵也会被利益所遮蔽，所以有时候会做出一些恶事。但是，当人之将死之时，当一切的利害都已经过去之后，剩下的就是善。这恰恰是本性的显露。这句话，我们要记住。

还有他对孟敬子所讲的，“君子所贵乎道者三”，这个对我们也是有启发的。第一，“动容貌”；第二，“正颜色”；第三，“出辞气”。

“动容貌”，就是你的容貌应该庄重、和善、慈祥，不能嬉皮笑脸，更不能够面目可憎。因为这是你内心高贵和善的一种表现。如果你能做到这一点，容貌慈祥、庄重、善良，那么就可以远离粗暴无理了。别人看到你这样的一种容貌，他也就自然会有所收敛，这叫“动容貌”。

第二是“正颜色”，就是端正自己的脸色。脸色和容貌有什么区别呢？容貌是一种静态的，比如说我们出门时，自己收拾得整齐一点，头发梳得整齐一点，衣服穿得正规一点，这就叫容貌。那么脸色呢？脸色是指一种动态的，就是我们的一颦一笑，一言一行，要注意这个时候你的行为，你的表情是否都有规矩，有规范。该笑的时候笑，该说的时候说，该乐的时候乐，该严肃的时候严肃。这就叫正颜色。

“出辞气”，指的是说话的时候要有分寸，要有分量，要严肃庄重，不能够随便乱说，不能够言语轻佻。

我们说，这是曾子在临终之际对孟敬子说的一番话。实际上，这番话对我们所有的人都有告诫作用。

还有一点就是，曾子在跟孟敬子讲这番话之前，为什么还要特别提醒他，“我是一个快死的人了，所以，我这话讲得很真诚?”有可能就是曾子在平常，这些话真的不好跟孟敬子说。为什么呢？因为这三句话恰恰是针对孟敬子弱点的。孟敬子的容貌往往不端庄、颜色往往不正派，语言往往很随便。所以，曾子说，“这个时候我要告诉你真话了，你听也好，不听也好，将死之人，其言也善”。

所以，我们记住，这是曾子在去世之前内心真诚的话，虔诚的话，它对我们每个人都有所启发。记住这三句话，在日常生活中要“动容貌”“正颜色”“出辞气”。

第二讲

诚信与成事

会说话与美颜色

今天讲《论语》之前，我先讲一个故事。这个故事在《左传》上有记载，后来韩非子对这个故事重新做了阐释，我觉得韩非子的阐释挺有意思的，我们不妨照着韩非子的这个说法，先讲一下这个故事的来龙去脉吧。

春秋时期有两个赫赫有名、大名鼎鼎的人物，一个是晋文公重耳，一个是秦穆公，这两个都算是有雄才大略的人，在他们两个当政的时候，可以说晋国和秦国，都非常之强大。秦国和晋国的关系也很有意思，这两个国家是世世联姻，也是世世为敌。

重耳为躲避晋国内乱在外面流亡了 19 年，他回国前的最后一站就是秦国。秦穆公接待了重耳，重耳在秦穆公的面前表现得落落大方，所以，秦穆公觉得重耳是一个人物。秦穆公心想，此人一定会回晋国做国君，我倒不妨做一个顺水人情，用秦国的军队护送重耳回国，从晋怀公的手里抢回国君之位。

这地方我要补充一下，为什么秦穆公要做这件事儿呢？为什么他一定要让重耳回国抢夺晋怀公的国君之位呢？

晋怀公，姓姬，名圉，曾经是晋国派到秦国的人质，在秦国的时候，秦穆公对他非常好，把自己的女儿嫁给了他。后来，公子圉一个人偷偷地跑回晋国，做了国君，把秦穆公的女儿就留在了秦国。

这个也没有关系，他将妻子留在秦国，回国做了国君之后，再回来把妻子接走，两个大国之间有了这样的婚姻关系，不是挺好吗？

可是，晋怀公可能是在秦国做人质的时候，受了一些冷遇，所以，他对秦国的印象并不好，回国以后，他马上就派人到两国的边界修筑城墙。留在秦国的这个妻子，他也不想要了。所以，秦穆公估计对晋怀公心生怨恨，所以，看到眼前的重耳，他就想把重耳送回国内去做新国君。

同时，他还要把晋怀公留在秦国的妻子，即秦穆公自己的女儿怀嬴重新嫁给晋文公。

这地方有两大障碍，一个障碍是，晋怀公和怀嬴之间并没有办离婚手续。还有，从辈分上讲，晋怀公是晋文公重耳的侄子。那么，现在让晋文公重耳去娶自己的侄媳妇，而且这个侄媳妇和侄子还没有办正式离婚手续，这真是很大的一个障碍。但是，秦穆公真的是不在乎，所以，我们说秦穆公这个人也真是不拘一格啊，把自己的女儿连续地嫁给了叔侄二人。

更有意思的是韩非子后面说的话。晋文公重耳在娶怀嬴的时候，他突然发现，与怀嬴一同嫁过来的还有 70 多个作为陪嫁的丫鬟。而且，这些丫鬟都穿的是绫罗绸缎，打扮得花枝招展。晋文公可真的是心花怒放，本来他对自己娶了侄媳妇就有一点心生芥蒂，现在看到这么漂亮的丫鬟，马上就喜欢上了这些丫鬟，把怀嬴冷落在一旁。

韩非子就此嘲笑秦穆公，说秦穆公也是雄才大略一辈子，但是嫁女儿他真的算是外行，他是善于嫁丫鬟，而不善于嫁女儿。

韩非子在讲这个故事的时候，他还说了另外一个故事，我们放在一起来看一看。

韩非子说，楚国有一个人跑到郑国去做珠宝生意，他把珠宝放在一个木盒子里面，拿到市场上去卖。可是，他把这个木盒子装饰得非常精美，用上等的木料来做这个木盒子，并且还点缀上很多的珍珠宝贝。所以，当他把这个木盒子拿到市场上去以后，郑国人都围上来了，可是他们只买这个木盒子，而不要木盒子里面放的珍珠了。

所以，韩非子也嘲笑这个卖珠宝的楚国人，说他是善于卖木盒子，而不善于卖珠宝。

在这两个故事里面，韩非子实际上想提醒我们在做一件事情的时候，你得搞明白你到底要做什么，不能够本末倒置。

讲到这里，我们来看一看《论语》第一篇第三章的内容。

子曰："巧言令色，鲜矣仁。"（《论语·学而》）

"巧言令色"，从字面上看，"巧言"就是巧妙的话，"令色"就是美好的神色。貌似挺好的，一个人说话很巧妙，很委婉，很含蓄，很会说话，很招人喜欢，这不是好事吗？"令色"，脸上都是让人喜悦的脸色，这不也挺好吗？

可是，孔子下面接着说"鲜矣仁"，意思是这种人内心的仁德不够。显然，孔子不喜欢巧言令色的人。

这一段话实际上在第十七篇里面有一个重复，在第五篇第二十五章里面，孔子还说到了："巧言、令色、足恭，左丘明耻之，丘亦耻之。"在第十五篇第二十七章里面，孔子还说到了："巧言乱德。"

难道孔子不喜欢一个人说话巧妙吗？不是。在《左传》里面曾经记载了孔子说过的一句话："言之无文，行而不远。"也就是说，孔子还是希望我们说话巧妙一点，说话能够增加一点修辞，增强自己的表达力。至于"色"，孔子更是非常注意，孔子在"君子有九思"里面，就讲到了"色思温，貌思恭"，这个"色"和"貌"实际上讲的都是一个人的表情、一个人的脸色。跟别人说话的时候，你的脸色要温和，你的神情要谦恭。所以，"令色"不是挺好吗？为什么孔子在这个地方对它做出这么严厉的批评，说它是"鲜矣仁"呢？

要理解这一段话，关键不在于前面的"巧言令色"怎么解释，而在于这个"仁"怎么理释。

我们把它和第一篇第二章做一个对比，就看得出来，这一章里面有子说："孝弟也者，其为仁之本与！"意思是说孝悌是为人之本，"为人"就是我们一个人要修养自己的仁德。那么为什么说孝悌是为人之本呢？因为修养自己的仁德要从孝悌做起。孝悌是为人之起步，是正道。如果我们从巧言令色这一个角度去努力，去修养自己的仁德，那就叫邪道。所以，巧言令色不是糟糕之事，糟糕的是巧言令色并不是我们为人的正道，它不是本，它只是末，孝悌才是本。

从巧言令色这一点去追逐仁德，就相当于舍本逐末，就相当于买椟还珠，就相当于秦伯嫁女。不是巧言令色不好，而是想通过修炼自己的言语和自己的脸色去达到仁德，我们的方向错了。

这有一点像《战国策》中讲的南辕北辙的故事。

这个故事是这样的，说一个中原人要到楚国去，他本应该往南方走，可是他驾着车向北方跑。路上有人告诉他，你走错路了，到楚国去应该往南方走。他说："没关系，我的马很好。"别人又说："你的马再好，方向错了，马越好，离楚国越远。"但是他说："没关系，我的盘缠很多。"别人又说："你盘缠越多，那么你走得越远。"他说："没关系，给我驾车的人的技术很好。"

我们来看看这个人，驾车人的技术很好，盘缠也很多，自己的马也很好，但是，这些和他到楚国去有关系吗？没关系。

所以，在这一章里面，孔子讲："巧言令色，鲜矣仁。"并不是说巧言令色不好，我们总是要追求让自己更会讲话，总是要追求跟别人说话的时候更加的和颜悦色，这些都好。但是，它不是我们追求仁德的正道，我们要追求仁德的话，不能够从巧言令色开始，要从孝悌开始，从孝顺父母开始，从好好地对待自己的兄长开始，这才是正道。

愚钝之人也有成就

曾子曰："吾日三省吾身：为人谋而不忠乎？与朋友交而不信乎？传不习乎？"（《论语·学而》）

我们知道，孔子去世以后，在孔门的众多弟子里面，曾子可以说是成就最高的一个，他的门下后来出现了子思，到战国时候又出现了一个更伟大的人物——孟子。由曾子到子思，到孟子，儒家的这一学派脉络非常清晰，并且，我们也把这一派看成儒门的正宗。

实际上，在孔子生前，曾子的表现并不优异，孔子还给了曾子一个贬低性的评价——"参也鲁"，意思是说曾参这个人有一点愚笨。孔子生前的时候，自己圈定的孔门十哲的名单里面也没有曾子。

为什么在孔子去世以后，曾子这样的一个有点笨的人会脱颖而出，并且超越了其他众多优秀的同学，包括孔门弟了里面曾经最优秀的人呢？

这与他的个性有很大的关系。曾子的个性里面有两个特点是非常值得我们去关注的。

第一，此人虽然不够聪明，但是非常的淳厚，内心特别的厚道。我有时候想，假如一个人不是很聪明，那么，能弥补他愚笨的最好的东西可能就是他本性的忠厚了。曾子就是一个很忠厚的人。

曾子的第二个个性是坚韧。他做什么事情，特别能坚持，特别能吃苦，他几乎有着一种决绝一般的坚持。所以，这个人也是一个对自己比较狠的人。我们说一个人要有所成就，就应该对自己狠一点。曾子就是这样的人吧。

《论语》第一篇第四章这一段，也正好可以看出他的这个特点。

“吾日三省吾身”，就是我每天坚持多次反省自己。我们有很多人是很长时间以后大概才能想起来反思一下自己，但是曾子是每天都在反省，而且是“三省”。这个“三省”，有人说是反省三次，错了，“三省”是反省多次。

一般人可能很多时候都想着把责任往别人身上推，在自己的工作没有完成的时候找别人的原因，在自己犯了错误的时候找他人的责任。可是曾子“三省吾身”找自身的问题。

儒家是一个特别强调自我反省的学派，孔子就特别强调自我反省。我们前面说了孔子甚至用了一个比反省这个词更严苛的词，叫“自讼”。我们一般都是责备他人，责备别人，总是找别人的责任，找别人的错误。自讼，那是自责，找自己的责任，找自己的错误，甚至找自己的罪过。这已经近乎宗教精神了。

还真是这样，一个人没有一点宗教的精神，真的很难达到一种崇高的境界。孔子有这样的精神，曾子也有这样的精神。

反省什么？下面三句话讲了三个内容。

第一句话：“为人谋而不忠乎？”“为人谋”，就是给别人谋划，为别人做事，给别人担当，“不忠乎”，有没有不忠的情况。“忠”在这里不能简单地理解为忠诚，在这个地方它有更严苛的要求。“尽己之谓忠”，何为“尽己”呢？就是用尽自己所有的力量去做事才叫忠。

我们平时做事，也会应付。有时候，我们也顺便帮朋友们做一点事情。比如说我们顺便让别人搭一段车，我们顺手帮别人提一点行李，也顺便帮别人打一次电话，等等。但是，这些都称不上“忠”。忠就是当我答应了给别人谋划一件事情，当我答应了帮别人担当一件事情的时候，我要竭尽自己的所能，不达目的誓不罢休。所以，曾子的这个反省不是说我有没有为别人做事儿，而是说我有没有竭尽所能地为别人做事。我是不是已经穷尽了所有的可能，我是不是已经用尽了所有的力量。

再看第二句：“与朋友交而不信乎？”与朋友交往，我有没有“不信”的时候。这个“信”也不是简单的诚信。比如跟朋友交往的时候，我很诚信，我有所承诺，然后一定会兑现，没问题，这也是“信”。但是，这个地方的“信”可能有着更深层的含义，它相当于我们后来讲的“诚”，相当于《大学》《中庸》里面讲的那个“诚”。“诚”是什么意思？就是我带着一颗真诚的心和别人交往，我如果跟你交往，我就真诚地打开自己，真把你当作朋友，对你毫无保留。双方就这样赤诚相见，这叫作“信”。

与朋友交，我们真的做到毫无保留地交出自己了吗？真的做到毫无畏惧地走进对方的世界了吗？

再看第三句：“传不习乎？”“传”在这个地方有两个意思，一个意思是，老师传下来的学问。“习”我们在《论语》的第一篇第一章里面已经讲到了，“学而时习之”，就是我们把道理放到生活中加以践行，这叫作“习”。

“传不习乎？”是曾子在反省自己，“老师教给我的那些道理，我有没有加以践行呢？”如果这句话是在孔子生前讲的，那也就可以理解为，白天听了老师讲的话，晚上曾子就在反思今天老师跟他讲的这些道理，有没有加以践行。如果是孔子去世以后讲的，那这句话就更加令人感动了：曾子在怀念老师。怀念老师最好的办法、最真诚的方式，就是照着老师生前所教导的那样去做人，去做事。

当然，这个地方的“传”还指传给学生的学问，因为曾子后来自己也做了老师。那么，曾子在这地方也就是对自己的一种要求：自己让别人做的，自己做到了吗？要求别人的，自己达到这样的标准了吗？在跟学生讲道理的时候，这个道理自己真的践行过吗？

曾子每天这样多次地反省，这真的是一种很了不起的品行，也是一种很好的习惯。

我们为什么不进步？为什么我们做不了像曾子那样的人？可能就是我们在很多时候，放松自己，而且总是在给自己找借口，不但没有自我反省，很多时候可能还在自我掩饰。

有意思的是，曾子的这一段话正好三句，《论语》第一篇第一章孔子讲的那段话也正好是三句。我们仔细看，曾子的这三句和孔子的那三句正好一一对应。

第一篇第一章的孔子的三句话是什么呢？

子曰：“学而时习之，不亦说乎？有朋自远方来，不亦乐乎？人不知而不愠，不亦君子乎？”（《论语·学而》）

曾子在这地方的三句话是："吾日三省吾身：为人谋而不忠乎？与朋友交而不信乎？传不习乎？"次序正好颠倒过来了。

我们看看曾子的第三句话，"传不习乎？"正好对应孔子的第一句话"学而时习之"。"传不习乎？"大意是老师教我的我践行了吗？如果我践行了，我就很快乐，如果没有践行，我就不快乐。孔子讲："学而时习之，不亦说乎？"学习到了一个道理，然后我们加以践行，这不是很快乐的吗？

再看看曾子讲的第二句"与朋友交而不信乎？"，正好也对应着的孔子的第二句"有朋自远方来，不亦乐乎？"朋友从老远的地方克服种种困难，越陌度阡来和你见面，说明你有德行。那么，曾子在这方面的反思是，"与朋友交而不信乎"。我们只有真诚地打开自己，只有真诚地对待朋友，朋友才会从遥远的地方来走近自己。所以，与朋友交而有信，才能够让朋友从远方来。

孔子讲的和曾子讲的，一个讲的是结果，一个讲的是条件，只有像曾子所说的那样，与朋友交而有信，然后朋友才会从远方来，朋友从远方来，我们才快乐。

曾子讲的第一句："为人谋而不忠乎？"正好对应着孔子讲的第三句："人不知而不愠，不亦君子乎？"

这个对应关系可能有些人不一定看得明白，孔子讲的是"人不知"，而曾子讲的是"为人谋"，我们说这地方的对应关系是隐藏得比较深的，但却是确确实实存在的。

曾子讲的是为人谋，有没有用尽力量。孔子讲的是"人不知而不愠"。当孔子说这句话的时候，我们一般都会想，"人不知而不愠”就是别人对我有误解，而我坦然视之。这么理解没错，但是当我们读到曾子的这一段话的时候，我们突然发现，孔子的这个“人不知而不愠”还有另外的一层意思。那就是说我用尽所有的力量，竭尽自己的所能，但是，还没有做到让朋友满意的时候，朋友即使有怨言，自己也不会郁闷生气。因为自己心里明白，我已经尽忠了，所以，这个不郁闷生气，不仅仅是对朋友的埋怨我不生气，而且更重要的是问心无愧。

我们简单地做一个总结。“为人谋而不忠乎?”从做事儿的角度来说，我们要做一个有用的人，而这个有用的人就是做事情愿意用尽全力的人。你记住，在人生的道路上，不论是做事业，还是交朋友，当你不愿意竭尽所能的时候，就不是一个有用的人。这是第一句。

第二句：“与朋友交而不信乎?”这是讲做人，要做一个有德的人。有德的人并不是说我们不伤害别人，有德的人有个更高的要求，那就是我们能够与人真诚相见。

最后一句：“传不习乎?”传什么？所传的也就是前面两句，一个是忠，一个是信。

所以，我们看这三句话，实际上讲了三个字：第一个字，忠；第二个字，信；第三个字，传。忠是讲做事，信是讲做人，传是做事必须忠、做人必须信。而且，传下去以后还要加上习，我们要加以践行。所以，曾子每天多次地反省，三省吾身，省四个字：忠、信、传、习。

我们看了曾子的这段话，可能就会明白，为什么一个比较愚笨的人，最终有那么大的成就。

中国人一生的追求

曾子曰："慎终追远，民德归厚矣。"（《论语·学而》）

这是《论语》第一篇第九章的内容。这一章出现的人物又是曾子，即曾参。我们前面讲到曾参的时候，曾参说："吾日三省吾身，为人谋而不忠乎？与朋友交而不信乎？传不习乎？"

这三句话讲得真的是非常好啊。如果我们照着曾参这三句话去做，我想也许我们真的就可以像曾参一样拥有他那样的成功，达到他那样的境界。

我们不要自卑啊，曾参也不是聪明的人。我们前面讲到了，曾参实际上是比较笨的，这个鉴定是孔子给的。可是就是这么一个"笨人"，他为什么后来能达到那么高的一个境界，成为圣贤？孔子去世以后，被尊称为圣人，圣人旁边还有四位圣人：复圣叫颜回，宗圣叫曾参，还有述圣子思和亚圣孟子。

为人做到圣人的境界，那很了不得嘛。那么他是靠什么达到这种境界的？曾参靠的就是自己坚韧不拔的意志，他比较"笨"，但是曾参给我们提供了一个"笨人"能够成功的绝佳的案例，并且也跟我们说明了笨人为什么能够成功。这个人有这样的一个特点，他认定正确的事情，会一直坚定不移地做下去；他认为有价值的事情，一定会坚定不移地坚持下去，坚持到最后，就能迎来胜利的曙光。

孔子曾经讲过一句话，叫“守死善道”。什么叫守死善道？善道就是一种价值，我把这种价值守之以死，那么，你守到的就不是死，而是活。曾参就做到了这一点。

我们来看看曾参在第一篇第九章这一段话讲的是什么内容。

要理解曾子的这一段话，实际上我们要讲三个问题：第一个问题是什么叫“慎终追远”；第二个问题是什么叫“民德归厚”；第三个问题是“慎终追远”为何就能够使“民德归厚”，这两者之间有什么样的逻辑关系。

我们先看第一个问题：什么叫慎终追远？“慎终追远”的“慎”是戒慎之意。“戒”，是警戒、戒惧之意，对一件事情我们要有惶恐之心，要敬重这件事情，要用非常认真的态度来对待这件事情，这就叫“慎”。“终”指的是一个人的终老，在这个地方它的具体的意思是说如何对待长辈，尤其是父母的丧事。“慎终”合起来的意思是要用“慎”的态度，非常认真地，非常谨慎地，带着惶恐之心，带着悲哀之心，带着戒慎之心，按照《周礼》的规定，严肃地、庄重地来处置父母的丧事。这就叫“慎终”。

那么，何为“追远”？父母去世了，随着时间的流逝，他们会离我们越来越远。当然，我们说除了父母之外，还有祖宗，再往上追，祖宗离我们就更远了。所以，“追远”是对祖宗的追慕，“慎终”是对父母丧事的谨慎的处理。

所以，“慎终追远”指的就是一个人的家族的观念，指的就是一个人对祖先的崇拜。

此时的中国人没有宗教信仰，我们信仰的，或者说代替宗教信仰的，起着宗教信仰功能的就是我们对祖宗的信仰和对祖宗的崇拜。

我们再看第二个问题：什么叫民德归厚？“民”指的就是老百姓。“德”就是老百姓的品行和品德。“厚”指的就是厚重、敦厚、善良、稳重。与之相对应的词，那就是轻佻、轻薄、轻浮、不庄重、随便，这就叫轻。“民德归厚”就是老百姓的品德就可以归于淳厚、敦厚、善良、稳重、庄重。

现在我们讲第三个问题，那就是为什么“慎终追远”就可以让“民德归厚”？要讲清楚这个问题，可能要稍微地了解一下中国人的精神世界。

我们刚刚讲到，此时的中国人的精神世界里面，实际上没有对神的崇拜，没有宗教信仰。我们崇拜的是祖宗，是父母，而且是已经去世的，离开了我们这个世界，到了另一个世界，到了彼岸世界的父母和祖宗。实际上，我们崇拜的是人，而不是神。

所以，我们看“慎终追远”是活人对死人所做的事儿，但是，它实际上也是做给活人看的。为什么？当一个人一辈子做了好人，做了很多好事，给我们留下很多的恩德，留下很多的福祉时，我们怀念他，让他永远地活在我们的心中。这实际上就是对一个人临终时最好的一个安慰。

所以，你看我们中国人，一个人一生追求的就是不朽。《左传》上讲了，人生有三不朽：“太上有立德，其次有立功，其次有立言。”

一个人如果能够做到人生在世，立下很高的德性，立下很大的功劳，讲了很多有益于世道人心的话，这样的人就可以不朽了。

所以，我们看，不朽就是做了好事，而做了好事，人间给你的报答就是不朽。

当我们慎终追远的时候，实际上我们就是在实现不朽的价值，就是在兑现对一个好人的承诺。一个人做好人，做好事，然后我们让他不朽，让他永远活在我们的心中。

你看看我们中国人，比如说一位伟大的人物去世了，一位国家领导人去世了，如果这个国家领导人生前为人民谋福利，做了很多利国利民的好事，我们就会说，某某某永垂不朽。

即使一个普通人去世了，比如说邻居二大爷去世了，可是二大爷在生前对我们都很好，是一个很好的人，关爱家人，也爱护邻居，朋友们、同事们都很喜欢他，我们也会说，某某某同志，你永远活在我们心中。

永垂不朽也好，活在我们心中也好，这就是对一个人做好事的回报。我们活人把这一切看在眼里："原来做了好事，死后人们会怀念他。原来一个人做了好事以后，人们会慎终追远，来纪念他。"

用孔子的话来说，"生，事之以礼；死，葬之以礼，祭之以礼"。每到祭祀的时节，我们就会怀念他们，在日常生活中，我们也会常常想起他们，这种人实际上并没有离开我们，他还活在我们的心中。

所以，我们说中国古代非常重视祭祀，孔子也特别重视祭祀。为什么要那样地重视祭祀，祭祀一个死去的人，祭祀一个看不见、摸不着的鬼神呢？就是因为鬼也好，神也好，实际上他是给我们人间提供了一种价值，这种价值就是四个字：民德归厚。

在对伟大的、有贡献的、有德行的先人怀念和祭祀之时，我们看到了一个人做好事所获得的最终的报答。

所以，为了获得同样的结果，我们也必须坚定自己的信念，在自己的一生里面，用自己最大的可能去做好事，去做好人。当有了这样的想法的时候，我们可不就是品德归于淳厚，归于善良了吗？

讲到这儿，我要说一句，追忆故去的先人，这不是一种迷信，而是一种道德实现的手段，是道德实现的途径。所以，我们在慎终追远时，实际上获得了两种特别重要的东西：第一，对先祖的敬畏心；第二，自己人生中的价值感。

有了敬畏心，我们就不会轻浮，我们的行为举止就不会轻佻，就会显得庄重、厚重。

有了价值感，我们就会知道该怎么样做人，该怎么样做事，就会努力地让自己做一个受人尊敬的人，受人重视的人，这可不就是民德归厚了吗？

为什么“义”那么重要

本篇要讲的是《论语》第一篇第十三章，“有子曰”。这个有子，我们说他在孔门弟子里面真的是非同一般，《论语》第一篇第二章就是他的话，第十二章及第十三章也都是他所讲的话。《论语》的第一篇总共十六章，他一个人就占了三章，占了将近五分之一，可见他的地位在孔门弟子里面确实非同一般。

我们看看第十三章的具体内容：

有子曰：“信近于义，言可复也。恭近于礼，远耻辱也。因不失其亲，亦可宗也。”（《论语·学而》）

三句话讲了三方面的意思。

我们先看第一方面的意思。“信近于义”，一个人讲诚信，那当然是非常好的。但是，信守承诺要有个前提，也就是说你在许下诺言的时候，必须要先考虑一下你许下的诺言是否可以兑现。

还有，你所许下的这个诺言是否符合道义，如果你许下的诺言不符合道义，哪怕当初你糊里糊涂地许下了，到最后你发现这个诺言是不符合道义的，那绝不可以去兑现。

在生活中，我们常常会给别人承诺，也会看到其他人在不断地做出各种承诺。但是，你在做承诺的时候，要充分考虑到兑现这个诺言的可能性。

假如一个小学生，他的父亲告诉他，你一定要好好学习。这时，这个小朋友就跟爸爸表态了："爸爸，我一定听你的话，一定好好学习，在期终考试的时候取得一个较好的成绩。"在期终考试的时候取得一个比较好的成绩，这就是儿子给父亲许下的一个诺言，这就叫信。

那么，这个诺言可不可以兑现呢？取得一个比较好的成绩，我觉得这一个诺言就是"信近于义"。何谓"义"？"义"在这个地方就是适宜的"宜"的意思。实际上，这个仁义道德的"义"，在很多时候它指的就是是不是适宜的，是不是恰当的，是不是正当的。所以，一个小朋友跟他的父亲许诺，在期末考试能够考到一个较好的成绩，我们说这个诺言许得就是比较恰当的。因为，经过自己的努力，好好学习，到期末考试的时候，比现在的成绩有所提高，这是可以完成的。所以，这个诺言许得就叫"近于义"。"信近于义"就是说，诺言是符合现实的，没有超越客观条件和自身能力的，是适当的。

假如这个小朋友跟爸爸说，"爸爸，你放心，我一定好好学习，在期末考试的时候一定考一百分"。你看，这就不叫"信近于义"了，为什么呢？因为考一百分不是一个很容易实现的目标。考一百分会受很多条件的约束。比如说卷子有难易的不同，这个卷子的难易不是由你来决定的，它是由老师来决定的。即使是一份容易的卷子，那也有可能就碰到一道你自己不会做的题目，这也是很正常的。还有可能出现其他的一些偶然因素，这也是我们不能控制的。

什么叫"言可复"？就是你所许下的诺言是可以兑现的。就如同一个小朋友跟他爸爸许诺，我一定要考一百分，这就叫不适宜，那这就言不可复。

有子在这儿告诉我们，许诺的时候，你一定要记住，要考虑好自己的各种各样的客观条件。要把各种各样的困难都考虑在前，不要轻易地给别人承诺。轻易地给别人承诺，那就变成了说大话，说空话，最终就不能够兑现。一旦不能兑现，那你就不诚信了。

“信近于义”的第二层意思是，有的时候我们在某一种情况下，判断可能会出现失误，我们答应别人做一件事儿，但是答应后我们发现这件事情是不正义的，是不正当的，是错误的，是不可以做的。怎么办？我们能不能够硬着头皮把错误的事情做下去？那当然不可以。虽然诚信是一个很优秀的品格，但是诚信它也受到相应的约束，这个约束就是“义”。

孔子曾经讲过一句话，叫“言必信，行必果，硁硁然小人哉”。我们一般人老是以为“言必信，行必果”，那是一件好事，是我们应该追求的美德。在今天，如果我们有一个人“言必信，行必果”，那是一个了不起的人了，所以我们就应该提倡“言必信，行必果”。

但是，孔子偏偏把这种人和这种行为称之为“硁硁然小人哉”。什么叫“硁硁然小人”呢？就是这个人像一块顽石一样顽冥不化，不知变通。

孟子也讲过这样的一句话：“大人者，言不必信，行不必果，唯义所在。”就是说，一个真正的大仁君子，并不是说过的话一定都去兑现，并不是做过的事儿一定要做出结果，他只是要考虑所说的话是否合乎道义，所做的事是否正当。曾经许下的这个诺言是正当的吗？正在做的事是正确的事吗？如果是正当的，正确的，当然要去兑现，当然要做出结果。但是，如果事后发现它是不正当的，是错误的，当然就应该改弦易辙，这叫知错就改。

同样，做一件事情也是一样，当我发现这件事情是错的，是不该做的，是一个不正当的、不正义的、不正确的事儿，那就立即停下来，这才是我们正当的选择，而不是硬着头皮把它做下去。

任何一种道德原则，任何一种价值，往往都有它的边界。像“信”，就是一种价值，就是一种很好的道德品质，但是，它也有它的边界。超过了这个边界，有可能是有问题的，有可能是一件非常糟糕的事儿。它的边界就是“义”。

讲到这一点，我要说明一下，“义”实际上是诸多的优良品德的边界。比如说，我们讲忠，忠的后面要加个义，叫忠义，愚忠就错了。孝当然很好，但是，愚孝也就错了，所以孝的后面也要加一个字，叫孝义。仁，当然很好，但是如果一个人的仁慈、仁德像东郭先生一样，那也就错了，所以仁的后面也要加一个字，叫仁义。

你看到了吗？几乎所有的美德的后面都会加一个义，因为义是所有的美德的边界所在。所以，信也要加一个义，叫信义。

我们自己想一想啊，还能不能找到跟义有关的词呢？比如说礼的后面也可以加一个义，道的后面也可以加一个义。也就是说，即使是礼，也要合乎义，不合乎义的礼那就是非礼；即使是道也要合乎义，不合乎义的道那也就不是正道。

所以啊，这个义应该是我们对所有的道德品质进行最后判断的标准。义本身也是一种道德品格，是一种道德概念，但是它又是其他所有的道德概念的一个边界。我们做任何事情，想一想是否合乎义，想一想我们的这个行为是不是恰当的。这样的思考，也是一种智慧了。

在《论语》里面，孔子也好、子张也好，都说过这样的一句话，叫“见得思义”。这句话也是非常好。什么叫“见得思义”？就是我们在生活中总会面临很多种选择，我们看到了一种可以得到的东西，比如说可以得到的某一个地位，可以得到的某一笔财产，可以得到的某一种名声，但是这个时候你要想一想这种得是否合乎道义。这个财物我拿到手里面，是义的吗？如果是不义之财，那是不可取的。这个地位我得到了是合乎义的吗？如果是不义的，那我就是尸位素餐，也不能够要。这一个名声我得到了，是合乎义的吗？如果是不合乎义的，那就是一种虚名，甚至是欺世盗名，也是不可以要的。

所以，孔子说：“富而可求也，虽执鞭之士，吾亦为之。如不可求，从吾所好。”什么叫“不可求”？不是说我求不到，而是我如果求得到，那就有可能不义了。所以，这个“不可求”不是能力不够。因此，孔子说过一句话，“不义而富且贵，于我如浮云”。你看，富与贵是人之所欲也，谁不想呢？但是，面对唾手可得的富贵的时候，你要想一个“义”字，如果“不义而富且贵”，那么这个富贵对我来说就像天边的浮云，随它去吧，这是一种潇洒。

我们今天有好多人老是在玩潇洒，我告诉你，真正的潇洒不是一种卸下责任以后的个人的逍遥，真正的潇洒是坚持某种道德而放弃自己不该得的名声、地位的时候，所体现出来的一种淡定和道德上的高超。

行走人间的保障

这一讲讲一讲《论语》第二篇第二十二章，这一章的意思很简单。

子曰："人而无信，不知其可也。大车无輗，小车无軏，其何以行之哉？"（《论语·为政》）

我把它翻译一下：孔子说，一个人不讲信誉，那怎么可以呢？譬如大车子没有安装一个輗，小车子没有安装一个軏，它靠什么行走呢？

这一段话的意思是，人如果不讲信义，那么就没办法在这个世界上行走。孔子做了一个比喻，就像一辆大车和一辆小车，如果没有一个特定的装置，它也就没法行走，这个特定的装置是什么呢？大车的叫作輗，小车的叫作軏。

什么叫輗，什么叫軏呢？实际上，古代车辕上面有一根横木用来架牲口，把横木放在牲口的脖颈的地方，然后两边有绳子拉着，这样就把车子给拉动起来了。但是，横木和绳子连接的地方，有一个活销，大车的活销就叫作輗，小车活销就叫作軏。如果没有活销，我们就没有办法把车架到牲口的脖子上，牲口也就没有办法来拉动车子行走。

就像我们人一样，如果没有信义，人也还是那个人，但是他就没办法行走人间了。所以，实际上，这一章的意思非常简单，非常直接，它就是告诉我们，人要言而有信，民无信不立。你如果不讲诚信，那么你在这个世界上行走，会滞碍不通，你会发现处处要付出比别人更多的成本。所以，“信”是我们的美德，同时，也是我们行走人间的一个保障。

我们再看看第二篇第二十三章。在这一章中，子张有一个很有意思的问题。

子张问：“十世可知也?”子曰：“殷因于夏礼，所损益，可知也；周因于殷礼，所损益，可知也。其或继周者，虽百世，可知也。”（《论语·为政》）

子张是孔子的一个学生，他问了孔子一个问题，说：“十代以后的事情，可以预先知道吗?”

你看，我们总是希望猜一猜未来会发生什么事儿。比如说有个《推背图》，说能知道未来很多事儿，直到今天还有人拿这个《推背图》在说事，牵强附会地说很早很早以前，唐朝的李淳风和袁天罡就知道今天要发生什么事儿了，这样的无稽之谈竟然有人相信。

我们看看孔子是怎么预言未来的。孔子说：“殷商沿袭了夏朝的礼法。”我们可以看一看殷商继承了夏朝的哪些礼法，它废除了夏朝的哪些礼法，它又增加了哪些自己的东西。通过其中的损益，还有保留的，我们就可以看到进步与发展。所以，孔子说，商朝因为它从夏朝过来，我们根据他们的损益，根据他们的继承，根据他们的发展，就可以知道商朝为什么会是这样。同样的，“周因于殷礼，所损益，可知也”，周朝的礼又是从商朝的礼里面来的，它也有所继承，也有所废除，还有所增加，在这三部分里面，我们做一个比较，我们就知道，为什么会有这样的一些变化。

每一个时代都从上一个时代而来，每一个时代都对上一个时代有所继承。那些被继承下来的东西，就有时代永恒的价值。那些被废除的东西表明时代进步了，有一些东西已经不适合新时代需求，我们自然地也就把它忘记了，把它废除了。因为每一个新的时代都有新的生活，都有新的内容，都有新的问题，都有新的情况，根据这些新的问题、新的情况，我们自然要增加一些新的对策。

孔子根据这些，给我们做出这样的一个结论：“其或继周者，虽百世，可知也。”

当我们掌握了历史损益的规律之后，就知道哪些东西会继承下来，哪些东西会被废除，哪些东西具有永恒的价值，哪些东西只是权宜之计。

时代在前进，有些东西在不断地变化，比如说政治制度。但是，有些东西永恒不变，比如一些基本的道德准则和一些文化信仰。

我们今天有些人老是说，一个国家主要是文化，文化决定了人性等等，我觉得这个话有问题，实际上是制度决定人性。我们说制度才是最终的、最重要的决定一个国家道德现状的一个根本性的东西。

有人说，那制度不也是从文化中来的吗？这还真的不一定，同样的文化，在不同的时代就会有不同的制度。

比如说孔子的思想、孟子的思想，都是产生于周朝时。到了秦朝以后，我们说国家的制度就完全不一样了，以前是分封制，到了秦朝以后就变成了中央集权制。同样是孔孟的文化，既能够适应分封制，也能够适应秦朝以后的中央集权制。我们甚至说，孔孟的文化直到今天，不也适应我们今天的制度吗？文化是古人给我们传下来的，我们有所损益，有所变化，有所继承，有所扬弃。但是，那些永恒的东西，我们一直在继承。如果我们把一切的责任都推给文化，就等于说把我们今天的种种问题、责任都推给古人了，这显然是我们自己懦弱不敢担责任的表现。

还有比如说人应该讲诚信，人应该勇敢，人应该有智慧，人心中应该有仁爱。你说这些要求能够随着时代的变化而变化吗？不会变的。在孔孟时代，要讲这些品德。在今天，我们照样还得要讲这些品德。孔子时代的好人到今天照样是好人，孔子时代的坏蛋到今天照样也是坏蛋。同样的，我们今天的好人跑到孔子的时代照样是好人，我们今天的坏蛋跑到孔子的时代也照样是坏蛋。好人和坏人的标准至今没有多大变化。

所以，仁、信、爱，这些人类文明的基石，我们永远都会葆有的。记住这些，“虽百世，可知也”，天不变，道亦不变。这个“道”就是人道，就是天道，就是孔子给我们确定的仁、义、礼、智、信这样的道，它是不会变的。

我们再来看看第二篇第二十四章。

子曰："非其鬼而祭之，谄也。见义不为，无勇也。"（《论语·为政》）

翻译一下：孔子说，不是自己应当祭祀的鬼神，却去祭祀它，这是谄媚；遇到应该做的事情却不去做，这是没有勇气。

这里讲了两个问题。第一，"非其鬼而祭之，谄也"。我们会觉得奇怪，这种事情也会有吗？清明节到了，谁不是到自己家的祖坟去，祭自己家的祖宗，怎么会去祭别人的祖宗呢？那我要告诉你，孔子这地方说的话显然不是虚构的，历史上还真有这样的事情。直到今天依然有这样的情况。举一个例子，某官员在倒台之前，他们家的祖坟有不少官员跑去祭，有的官员不远千里，跑到此人的老家去祭其祖宗。祭完了以后，还要跟这位官员的家人说："你去跟领导说，我们来祭过了。"

你说这种人是什么品行呢？可不就是孔子给他的这个"谄也"的判语吗？要让我来说，这岂止是谄媚，这简直是无耻，是数典忘祖。

后面还有一句，叫："见义不为，无勇也。"这句话孔子用的是一种否定的句式。我们现在根据这句话，有了一个成语，叫见义勇为。

什么叫见义勇为？就是看到该做的事情，你就要毫不犹豫地去做，不要考虑太多的利害，但是更多的时候我们也要学会见义智为。

我曾经讲过一句话，君子和小人的区别就在于君子做事情的时候常常是出于是非的判断，而小人做事情的时候往往出于利害的判断。君子认为这个事情如果是对的，那我就去做，如果是错的，那我就不做，它跟我本人的利害没有关系。而小人是怎么判断的呢？这个事情对我是有利的，我就去做，这个事情对我是不利的，我就不做。至于我做的这个事情是否合乎道义，我不去考虑。

你看，不同的选择标准，就决定了你是什么样的人。

子有三慎

子之所慎：齐、战、疾。（《论语·述而》）

这是《论语》第七篇第十三章的内容。其中的“齐”是“斋”的古体字，意思是祭祀前清净身心以示虔诚。这一章告诉我们孔子平生最小心谨慎对待的三件事情，第一是斋戒，第二是战争，第三是疾病。这些事是他最关注的，这三点对我们而言，也很重要。

生活中一定要有敬畏，这个斋戒实际上讲的是敬慎，有一个敬在里面，而且必须要有这个敬。我以前讲过一个观点，传统节日不是假日，但是我们现在有很多人把节日过成了假日，就觉得这是给自己放了假，随心所欲，想怎么过就怎么过，那不可以啊。你还得记住，这些传统节日本身有它的一些规定的仪式，而这些仪式就是你必须要做的。之所以给你放假，不是让你想干什么就干什么，而是让你有时间去干这个传统节日必须干的事。

孔子讲的这个斋戒，就是我们在生活中有时候必须要做的事情。

你可能会说，我们今天不讲迷信了，不搞斋戒了。我告诉你，这不是迷信，这是通过一种仪式，让你学会敬畏。当我们对着祖先的灵位拜祭的时候，当我们对着天地拜祭的时候，当我们上一炷香，看着这一缕烟袅袅上升的时候，我们的精神，我们的灵魂，会和一种比我们更高、更大的东西对接起来，此时此刻，我们就不会像平时那样放荡不羁，不会像平时那样张狂，不会觉得自己无法无天。你会觉得在这个世界之上，有一双眼睛在看着我们，我们的一言一行都必须有所畏惧。有所畏惧的人生，才是有所约束的人生，有所约束的人生，才是最终能有所成就的人生。

还有战争，不要轻言战争。我们今天有很多人动不动就说打仗，我觉得轻言战争已经成了个别中国国民的一个特别不好的德行了。

我们确实曾经受过西方列强的欺辱，比如说从 1840 年鸦片战争，然后又到甲午海战，一直到八国联军侵华，然后接下来就是长达 14 年的抗日战争。外国列强对中国发动的侵略战争以及国内的战争，都是非常频繁，规模非常大，损失也很惨重的。

比如说太平天国运动，几乎造成了中国上亿人的死亡，中国最发达的南方某些区域，几乎被它扫荡一空，是影响非常大的、离我们还很近的一场人类的灾难。

我们经过了这么多的战争，以前老是觉得别人欺负我们了，现在中国强大了，有一些不理智的人动不动就要所谓的“亮剑”。我觉得还是少说“亮剑”为好，更多的是亮出我们的文明。“夫兵者凶器，圣人不得已而用之。”“国虽大，好战必亡。”这些都是古人的智慧。

正是因为我们以前在弱小的时候被人欺负过，等我们强大以后，更不能够把这种强盗的逻辑拿来，恰恰相反，我们要学会用文明的方式和别人平等地交流。有利益冲突的时候，用相应的国际法来进行和平博弈，在规则的范围里面维护自己的权益，而不是用拳头来维护自己的权益。

孔子特别谨慎地对待战争，动不动就讲战争的人如果不是不理智的人，那就一定是大奸大恶之人。当然，还有一些可能是被某些情绪所鼓动起来的“愚民”。

孔子谨慎对待的第三件事就是疾病。这个我要特别说明一下，我们要好好地保护自己的身体，要让它健康，要经常地锻炼身体，对身体所发出的一些疾病的征兆，要时时地保持警惕，关注它，以便能够随时发现自己身体的问题。

但是，我还要说明的是，不要对身体过分地关注。我讲这句话也是针对我们今天社会上的一些现象。现在养生几乎成了一种潮流，我觉得这是对身体过分关注了。对身体的过分关注，其实是对身体的一种骚扰。名曰爱之，其实害之。让身体自己做主不好吗?你在门口栽一棵树，每天都去看看它，去摸摸它，去晃晃它，结果这棵树一定会长不好。你就让它自己经风雨、晒太阳，经冬历夏，然后它会自己成长，长成参天大树。我们的身体也一样，它会自己保护自己，你要做的只是顺应它，而不是去戕害它。

孔子所谨慎的这三件事，“斋、战、疾”。讲到“斋”时，这个慎的主要意思是敬，我们可以理解为敬慎；讲到“战”时，慎要表达的是对战争的惧怕，所以，也可以叫惧慎；面对疾病时，我们要谨慎，我们要谨小慎微，不要过分地去骚扰自己的身体，也不要轻忽自己的身体，所以我想在“慎”前面加一个“谨”字，谨慎。所以，在面对斋戒、战争、疾病时，孔子采取的其实是三种态度：一个是敬慎，一个是惧慎，一个就是谨慎。

我们接着看第七篇第十四章——

子在齐，闻《韶》，三月不知肉味，曰："不图为乐之至于斯也。"（《论语・述而》）

孔子在齐国听到《韶》乐，陶醉得三个月都吃不出肉的滋味啊，他很感慨地说了一句话："没想到啊，欣赏音乐竟然能够达到这样的一个令人陶醉的境界啊。"

一个人是否懂艺术，我觉得真的不是看他是否具备一些有关艺术的知识。艺术的知识不是艺术，掌握多少艺术知识也不能够证明一个人具有多高的艺术鉴赏能力。一个人是否真懂艺术，要看他是否能够被艺术感动和陶醉。

我是研究中国古代文学的，大学里面有很多教授专门研究文学创作、文学理论、文学批评、文学史。但是，也确确实实有一些一辈子在研究文学的人，实际上已经失去了对文学艺术的一种切身的感受力。没有这种感受力，他所剩下的就只有所谓的文学知识，包括文学史知识、文学理论知识、文学批评知识、文学鉴赏知识。但是，他自己真的能够被文学感动吗？那真不一定。太多太多的文学教授已经不能够再被文学感动了。这恰恰说明他已经不具备鉴赏、欣赏文学的能力了。

我们回头来看看孔子，他被音乐感动得三个月吃肉都吃不出味道，这才是真正的懂音乐啊。

《世说新语》里面记载了一个叫桓子野的人，"每闻清歌，辄唤‘奈何’”。意思是说，这个桓子野每次听到动人的音乐，他几乎都是被感动得说不出话来，只能感慨万端地说两个字：“奈何！”

我觉得一个人面对着一首动人心魄的音乐，说出“奈何”两个字，他在某些方面真的比很多有着大部头音乐知识著作的那些所谓的“音乐人”更懂音乐，因为他能够被音乐感动。

那么在他之前，还有一个人被音乐感动得更厉害，那就是孔子。听了一曲《韶》乐，三月不知肉味啊，这真是深陷其境而不能自拔。

当然，我们也可以从中看到孔子如此热爱艺术，并且被艺术所陶醉感动，他怎么可能是一般人想象的那种不苟言笑、严肃、可怕的人呢？他是一个真性情的人呢。

我们大家都知道，孔子是一个有很高的音乐素养的人。可以说，在他那个时代，他是首屈一指的音乐大家，不仅仅是懂音乐理论、音乐美学，他甚至可以自己直接参与音乐演出。他可以演奏那个时代几乎所有的乐器，他也可以唱。

《论语》里面也好多次记载了孔子对音乐的评价。他的很多理论性的评价，把音乐上升到了伦理和政治的高度。

比如说，孔子讲《韶》乐是“尽美矣，又尽善也”，讲《武》乐的时候就说“尽美矣，未尽善也”。这就是从伦理和政治的角度对音乐进行的评价。

但是孔子有时只是说出了他被音乐感动以后的一种心理状态，比如前面所讲的他听《韶》乐三月不知肉味的感动。

我们往后面翻一翻，第八篇第十五章也是类似的情况——

子曰："师挚之始，《关雎》之乱，洋洋乎盈耳哉！"（《论语·泰伯》）

他没有说这个音乐怎么样，他只是说："我去听了一场音乐会，从太师挚开始演奏，一直到最后《关雎》这一章出来，音乐的乐章结束了，多么美妙啊，满耳都是优美的音乐声。"我们看，孔子没有评价音乐本身，只是说了他自己的感受。

这说明了两点：第一点，孔子是一个性情中人，只有有性情的人，才能够真正地欣赏艺术、深入艺术，只有性情中人，才能够双向打开，他既能打开音乐进入音乐的深处，也可以打开自己，让音乐进入他自己的心灵。

第二点，一个人是否真正懂艺术，在我看来很简单，不要跟我们高谈阔论，不要跟我们讲一些高深莫测的理论。你问一下你自己，有没有被艺术感动，有没有被一首诗感动，有没有被夜空中远远的、若有若无的、飘来的一段音乐感动。如果有，恭喜你；如果没有，那么就要考虑你的艺术感知力是否有足够的深度和宽度。

信，国之道义

子贡问政，子曰："足食，足兵，民信之矣。"子贡曰："必不得已而去，于斯三者何先？"曰："去兵。"子贡曰："必不得已而去，于斯二者何先？"曰："去食。自古皆有死，民无信不立。"（《论语·颜渊》）

这一章是《论语》第十二篇第七章的内容。

孔子的学生都关心政治，实际上，人本来就是政治动物。影响野生动物生存的最大的要素是什么？是自然环境。影响人生存的最大的要素是什么？是政治。人生活在人群之中，而人群之所以能够被组织起来，就是因为政治。不同的政治就会有不同的组织形式和运作形式，而不同的组织形式和运作形式又决定了不同人群的命运。

一个人说自己不关心政治，他实际上是在说他不关心自己的生存环境，也不在乎自己生活在一个什么样的生存环境里。您觉得这一句话是可信的吗？显然是不可信的。

所以，孔子当然要教育学生，让他们关心政治，并且让他们将来去从政。这是正常的教育。没有一种正常的教育是让学生不关心政治、不关心国事的。

荀子曾经问过一个很有意思的问题，他说："（人）力不若牛，走不若马，而牛马为用，何也？"他的意思是说，人跑起来没有马跑得快，负重的话没有牛负重得多。但是，为什么牛马却被人类所用呢？

和动物相比，人类可能存在着严重的个体的体力上的差距，但是结果却是人类成了食物链的最上端，是人类驱使牛马，而不是牛马驱使人类。为什么呢？荀子的回答是这样的：“人能群，彼不能群也。”人能够组织起来，而动物们不能够组织起来；人能够合力，而动物们不能够合力；人能够协作，而动物们不能够协作。这种组织、合力和协作，就是政治。

孔子的教育，不是我们今天所讲的各种各样的这些专门的技术类院校的教育，打一个不大恰当的比方，孔子的教育是青年干部政治学院式。他所培养的学生都是未来的社会精英，而这些社会精英的最高理想，就是从政。当然，这里的从政，按照孔子的解释，不一定是去做官，而是用他们的行为来影响政治。

比如说，他们可以传播学问，可以去从事教育，可以因此而改变民风；他们可以自己去批评政治，去影响政治，这都叫从政。

孔子的这个学校，实际上就是一所政治院校。因此，在《论语》里面有很多人问政，也就非常自然了。

在《论语》第十二篇第七章中，子贡问老师怎么去治理国家。

当然，这个“问政”是不大好翻译的，因为你可以翻译成怎么去治理国家，也可以翻译成一个好的国家的政治应该是什么样子的，也可以理解为怎么样去从政。所以，这种翻译要根据下文的内容来对上文做一个准确的理解。之所以这么做，是因为问政本身的内涵太丰富了，而孔子的回答肯定在那个时候是针对这个问题的某一个侧重点。那么，这个地方的子贡问政，孔子的回答是什么呢？

我们现在把这段话简单翻译一下。孔子的回答是："充足的粮食、充足的军备和已经获得了人民的信任。"

子贡接着又说了："如果在不得已的情况下一定要去掉一项，那么在这三项中，先去掉哪一项呢？"孔子说："去掉军备。"

子贡接着又问了："如果不得已，还要去掉一项，那么在剩下的这两项中，去掉哪一项呢？"孔子说："去掉粮食。"为什么？因为"自古皆有死，民无信不立"啊。

我们现在来做一点小小的分析。

子贡问政，孔子的回答是三个条件：一个是足食，一个是足兵，第三个条件是"民信之矣"。这个"民信之矣"，紧紧承接着"足食，足兵"，所以，一般很容易理解为，国家有了充足的粮食，有了充足的军备，人民就信任你了，好像前面两者是后面第三者的条件。这种理解实际上是有问题的。

因为如果前面的"足食，足兵"是获得人民信任的条件，那么，接下来孔子说去掉兵，去掉食，那人民的信任也就不复存在了，也就不存在一个独立的第三项了。所以，孔子这个地方讲的"足食，足兵，民信之矣"应该是三个独立存在的项，也就是说，这三个内容并不是互为因果的。充足的粮食，充足的军备，以及人民对你的信任，这是立国的三个基础。那么，人民对你的信任是什么？这涉及一个政权的合法性和一个政权使用权力的合理性。所以，这三者是政治的三大基石，至少在孔子看来是这个样子。一个国家能不能够站得住，要看这个国家有没有粮食。如果老百姓都没饭吃了，这个国家肯定站不住了。同时，如果这个国家没有军备，就不能够防御外敌的入侵，那这个国家自然也站不住了。还有就是内政方面的，一个政权有没有获得人民的授权，这是政权的合法性；政权在行使权力的时候，合理不合理，符合不符合人民的利益，这个权力是不是为民所用，这是权力的合法性。

按理说，回答到这一步，也就可以了。但是，子贡必定是善于学习的人，他接着又问了："老师，这三个条件我记住了，可是假如在逼不得已的情况下，一定要去掉一个，那么先去掉哪一个呢？"

我们知道，如果这三个基石国家都有，那当然好啊，但是并不是说所有的时候这三个条件都会具备。有的时候，国家真的就碰到饥荒；有的时候，国家可能就面临着一个比自己更加强大的敌人的侵犯。那么，在这些情况下，如果国家只能保证其中的两项，必须去掉一项，那么，先去掉哪一个呢？孔子说："去掉军备。"

我们看，这正是儒家的思想，它也是非常理性的、有良知的思想，这也正是今天世界上许多国家的一个基本的理念——去掉军备。

国家强大固然会体现为军事的强大，但是，仅仅是军事的强大，国家未必会强大。

我们看到今天世界上有很多的国家，人民安居乐业，国家和谐稳定，但是它并没有强大的军备。

所以，孔子一开始就回答，"去兵"，这个回答显示出一个伟大的圣人的理性。这一点也体现出了儒家和法家的区别。在法家看来，国家首要的就是军备，其他的都可以弃之不顾。

那好，现在三者剩下两者了：粮食和人民的信任。“必不得已而去，于斯二者何先?”在这二者之间选哪个？孔子的回答是：“去食。”

为什么在这两者之间要去掉“食”，而留下“信”？我们说，人民的信任才是一个政权合法性的来源，也是一个政权最终能巩固的一个很重要的要素。把这样的原则落实到个体的身上，那就是杀身成仁，舍生取义。国家也是有仁义的，国家也是有道德的。一个伟大的国家一定要有其道义。那么，国家道义的最后的依据就在自己政权的延续和人民的信任之间，宁愿让自己的政权崩溃，也不能够失去人民的信任。

从孔门师徒之间的这种问答中，可以看出一个人的境界。子贡能够提出“必不得已而去”的问题，抽丝剥茧，最终剥出孔子回答的核心，可见，子贡平时思考问题的深度。

正所谓，问者有目的，答者有心数。问者是有备而来，如入山探宝，绝不愿空手而归。答者是胸有成竹，如探囊取物，真正是要言不烦。

这一对名师高徒啊，问答解难，穷究不已，终至于山高月小，水落石出。我们后人也因此从中大受教益。

第三讲 大德容众

待人与接物

子曰："弟子入则孝，出则弟，谨而信，泛爱众，而亲仁。行有余力，则以学文。"（《论语·学而》）

这一章是孔子对普通人说的。

我们先简单地把它翻译一下，孔子这段话的意思是说，青年子弟回到自己的家里要孝顺父母，出门要学会恭敬兄长，谨慎而诚信，博爱大众，亲近仁德。如果做到了这些以后，还有余力，那就要去学习古代的文献。

这里面有这么几个词，我稍微简单地说一下。

孔子讲的"孝"当然是子女对父母的一种感情，一种道德的要求。

"出则弟"的"弟"实际上是一个通假字，通"悌"。古代讲到"悌"的时候，往往就写成"弟"。"悌"专指敬爱哥哥，后来泛指兄弟友爱之情。

"谨而信"中的"谨"，是恭谨、谨慎的意思。"谨"是讲一个人的态度，也是讲一个人的气质。实际上一个人长期保有一种态度，渐渐地这种态度就会变成一种气质。

中国的传统文化，对人的气质的要求是不张扬，我们固然会说一个人阳光一点好，一个人开朗一点好，君子坦荡荡，这没问题。但是，在与人交往的时候，应该有一种恭谨的态度，这是一种内敛，这是一种对自己的约束，也是一种非常好的、高雅的气质。所以，这个“谨”和第一篇第五章里面讲的“敬事而信”的“敬”有相同的意思。面对一件事情，我们要敬事；面对一份工作，我们要敬业。在面对他人的时候，在特定的场合，我们应该有一种谦恭自守的态度，这是一种非常高贵的气质。“谨而信”的“信”在《论语》中出现了很多次，在这地方指诚信，一个人内心的一种真诚，表现出来了以后，就是讲信义。

“泛爱众而亲仁”，这地方讲到了一个“爱”，讲到了一个“亲”，这两个词在这里都是动词。“亲”，是亲近、靠近的意思。

“行有余力，则以学文”，这个“行”就是我们讲的“知行合一”的“行”。我们明白了很多的道理，并把这些道理付诸实践，这就叫“行”。懂得道理是一回事，按道理办事又是一回事。

“行有余力，则以学文”中的“学文”是指学习古代的文献。因为在孔子的时候，已经有传下来的古代的一些文献。比如“三礼”——《周礼》《仪礼》《礼记》，比如《诗经》《尚书》这样的文献，都已经出现了，这些都是人们需要学习的。我们只有从传统典籍文献里面才能够找到文化的最初根据。所以，“行有余力”，我们还必须要学文。

我们现在再来简单地分析一下，这个地方孔子所讲的“入则孝”，是对父母；“出则悌”，是对兄长；“谨而信”是对所有的人。这里值得我们特别关注的是下面的两句话，叫“泛爱众，而亲仁”。“众”指普通大众、芸芸众生，我们对普通大众，对芸芸众生要有一种广博的爱，这就叫“泛爱”。

孔子所代表的儒家固然讲亲亲，讲我们的爱、关心、爱护是从我们最亲近的人开始的，但是，他一定要我们把这种爱推广到所有人的身上，这就叫“泛爱”。之所以要从身边的人开始，这是从执行的方便性说的。

举一个简单的例子，我们有了钱，我们会给自己的父母，到了节假日的时候，我们会跟父母一起过。但是，我们如果碰到其他人的父母，也应该有像对待自己父母那样的一颗爱心、那样的一颗孝心，这就叫泛爱。所以，孔子讲的亲亲和墨家讲的博爱，实际上并不矛盾。

当然，这种爱更多的是指一种道义上的关心。也只有人类才能够对自己的同类有这样的一种普遍存在的道义上的关心，这一点动物是没有的。动物出生以后，可能第一眼认识的就是自己的母亲，然后在一段时间里面，它会对自己的母亲有强烈的依赖，不离不弃。但是，到了成年之后，它很快地就会忘记自己的母亲。

但是，人类跟动物是不一样的，这个不一样有两点：第一，他会一辈子记住自己的父母，并且把自己的父母作为生命中最重要的依靠和感情上最重要的依赖，在这一点，动物是没有的，动物只有短暂的依赖，事后它就会忘记。

第二点，人类不仅仅依赖和关爱自己的父母，还能够把这种爱，这种道义上的关心推及全人类。这正是人类高于动物的地方，也正是人类之所以为万物灵长的原因。

所以，“泛爱众”是人之所以为人的一个基本的道义的准则，也是人的一个很重要的、可贵的本性。

接下来是“而亲仁”。这个地方就有意思了，如果说“泛爱众”是眼睛向下，那么“而亲仁”就是眼睛向上。“泛爱众”是教我们如何对待一般人，“亲仁”是教我们如何向比我们能力强的人物学习，学习他们的品德与智慧，这是教我们要向贤者看齐。这两者是不可偏废的，没有“泛爱众”，我们就不可能磨砺自己，提升自己；没有“亲仁”，我们就不可能造福大众和有益大众。

人生要注意两个不同的方向：一个方向是眼睛向下，博爱大众；一个方向是眼睛向上，亲近圣贤。我们的学习就是这样的一个过程：亲近圣贤，不断地学习和模仿，寻找一个标准作为我们的一个目标，并且努力向这个目标进发。

再看最后两句，“行有余力，则以学文”，这句话，一个“行”字就说明白了。前面“入则孝，出则弟，谨而信，泛爱众，而亲仁”这五句话讲到了“孝”“悌”“谨”“信”“爱”“亲”这六个字。这六个字实际上并不是让我们去学，而是让我们去“行”。

因为这六个方面的道理从认知的角度来说，谁都不会反对。即使是一个坏人，你要问他，人应该不应该孝顺，他也会说，人应该孝顺。所以，从认知的角度来说，孝也好，悌也好，恭谨也好，诚信也好，爱众也好，亲仁也好，谁都不会反对，关键是你能不能够把这些付诸实施。

所以，“行有余力”的“行”，实际上就是让我们在生活中去实践前面的六个方面，而不是让我们在一张考试卷上去回答这个题目。在考试卷上能否答出满分不重要，重要的是在人生的答卷上要能够答出一个很好的分数。这叫“行”。

当然，考试也重要。我们的头脑里面还得要装有文化知识，我们不仅要有道德准则，还要有文化知识，因为有了文化知识，我们的行为才有根据。这个地方讲到的“行有余力，则以学文”，就是要求我们在进行这样的人生实践的时候，有了余力就去学文，去学习古代的文献，去学习古代的文化，去学习古代的圣贤的懿言嘉行。

这一章实际上讲到了两个合一，一个是知行合一，知道了道理，然后施行道理，这个要合一；还有一个是向上向下的合一，就是爱众和亲仁的合一，也就是我们既要眼睛向下，关爱大众，又要眼睛向上，亲近圣贤。

为什么要这样？因为人实际上生活在两个世界中：第一，我们生活在人群之中，这叫现实的世界、实践的世界。在人群之中，我们应该注重于行，“入则孝，出则弟，谨而信，泛爱众，而亲仁”，这都叫行；同时，我们还生活在另外一个世界——精神世界。在我们的精神世界里面，住着古代的圣贤，储存着古代的文化。德国哲学家恩熙特·卡西尔曾经说过，人是符号动物。为什么说人是符号的动物呢？因为在人类的精神世界里面，存在着一个由一系列符号组成的世界。在孔子这里，这个符号是古代文化，是古代的文献，是古代的那些圣贤的懿言嘉行。

我们头脑有观念，脚下有道路，心中有坚持，行为有方向。如此，就是一个大仁君子，坦坦荡荡，行走世间。

可以和不如我的人交朋友

子曰："君子不重，则不威；学则不固。主忠信，无友不如己者。过则勿惮改。"（《论语·学而》）

孔子说的这段话的前面两句，"君子不重，则不威；学则不固"，是希望我们能够养成一种人格上的气象，能够博其观瞻，扩其心胸。博其观瞻，能够有广博的知识；扩其心胸，能够有宽容的胸怀。所以，我们要有广博的知识，还要有容物的胸襟，这是君子应该拥有的一种森严、含蓄包容的气象。

后面的三句，"主忠信，无友不如己者。过则勿惮改"，和《论语》里面的第九篇第二十五章完全重合。这就是我前面跟大家讲过的《论语》在编撰的过程中出现的很可爱的小错误。按照我们现代编辑学的要求，应该把重复的部分删去。但是，我为什么说这又是一个可爱的错误？因为通过这个可爱的错误，我们发现这么几点：

第一，它可以证明这本书是孔门弟子分头去记录，然后放到一起，再加以编辑的。有些地方去重的工作做得不够彻底，不够细心，就留下了今天的这个情况。

第二，就是所谓的错简。古代的书不像我们今天是在纸张上面印刷的，而是写在一片一片串在一起的竹简上的。我们汉字中的"册"字就像串在一起的两个竹片。竹片用绳子串在一起，时间长了，绳子断了，这些竹简就会错乱，这时“主忠信，无友不如己者。过则勿惮改”这一章就串到了“君子不重，则不威；学则不固”（《论语·卫灵公》）的后面，因此我们就把它看成是一章了。这是一种可能的情况。

通过这些，我们可以想象当初图书编撰的情况和竹简成书的情况。

现在我们来讲一讲这三句话的内容。

第一句“主忠信”。“主”就是“以……为主”，这句话的意思是“以忠信为主”。人生在世，当然要具备多种美德和多种能力，在这多种美德里面，要以忠和信为主。有人可能会问，为什么不是仁呢？仁是一个人内心某一种价值的最终取向，但是在和人交往的时候，你更多地表现出来的是“忠”和“信”。所以，曾子在“吾日三省吾身”中，每天反省的三个问题中的两个就是“忠”和“信”：“为人谋而不忠乎？与朋友交而不信乎？”

孔子也曾经告诫他的学生，一个人如果“言忠信，行笃敬，虽蛮貊之邦行矣”。什么意思呢？就是说假如我们一个人说话忠信，行为诚实且坚定，那么你即使去一个外邦，去一个和你的文化不同的地方，甚至一个落后的、文明不够发达的地方，你也可以畅通无阻啊。所以，人生的通行证就是忠信。

所以，孔子的思想实际上是一个普遍适用的价值，也就是说具备孔子所讲的“言忠信，行笃敬”的品格，你走遍天下都不怕。

我们以前讲过一句话，叫学会数理化，走遍天下都不怕。真的是这样吗？学会数理化只是拥有了走遍天下都应该具有的能力。但是，我们说走遍天下不仅要有能力，还得要有德行。今天如果一个人仅仅是会数理化，你走遍天下，那还是要有所怕的。因为如果你用你的数理化知识去作恶，去干坏事，那么你走遍天下都会有人制止你，都会有法律来规范你。有了数理化这样的能力，再加上我们的“言忠信，行笃敬”这样的德行，才能够真正地走遍天下都不怕。所以，我们读书学习，光学知识不行，光学专业不行，光有谋生的手段不行，还得要有人生的德行。

所以，孔子这个地方的“主忠信”三个字是给你一个走遍天下的通行证。记住了，带上孔子 2 500 多年以前给你开好的，写着这三个字的通行证，去行走人生吧。

我们交朋友的时候对朋友有没有“言忠信，行笃敬”的要求？当然要有要求。孔子在这个地方给我们提出了一个交友的原则，叫“无友不如己者”，直接翻译过来，就是不要和不如自己的人交友。

很多人对这句话提出了疑问，不和不如自己的人交朋友，这不是对别人的歧视吗？孔子又要求“泛爱众”，那怎么能够不和不如自己的人交朋友呢？如果每个人都不和不如自己的人交朋友，那么我和你交友的时候，你如果比我强，你肯定不愿意和我交朋友；我如果比你强，我又不愿意和你交朋友，那么我们怎么能够交上朋友呢？我们说，书如果读成这样，那就将书读死了。首先，我要简单地说一下，孔子在这个地方只不过是告诫大家，“近朱者赤，近墨者黑”，他是怕你受到不好的影响。这就像一个老祖父一样，在你出门的时候，他会告诉你，交朋友要谨慎。所以，你不能够呆板地去理解这句话。它只是一位老人对你的一个忠厚的人生的告诫而已。

但是，我们也还是可以对这句话来进行一些分析的。

第一点，“无友不如己者”，我们来看一看，“无友”的这个“友”，你可以把它翻译成交友，但不可以翻译成交往。交友和交往是不一样的，交友是把他当成朋友来结交，交往是一般的泛泛之交。孔子讲的“无友不如己者”的意思并不是让我们不和所有的不如自己的人有交往。如果和不如自己的人都不交往了，那我们如何做到“泛爱众”，如何能用我们的智慧和德行，为全人类谋福祉呢？君子的所有的努力不就是为整个人类谋福祉吗？所以，这个地方所指的并不是不和他交往，并不是指和他断绝一切往来。

第二点，是指主动地结交。比如说我不会主动地和不如自己的人去结交，但是，一个不如我的人如果主动地跟我结交，难道我就一定要加以拒绝吗？那也不是。如果一个人虽然不如我，但是他诚心地要和我交往，甚至向我学习，那我应该虚心地接受他，并且用自己的行为和举止，用自己的德行和学识，对他有所引导。我们看，这不正是孔子所做的吗？他所有的学生都不如他，那个时代所有的跟他打交道的，他给予教导的那些诸侯啊、贵族啊、大夫啊、士啊，都不如他。可是，孔子拒绝他们了吗？没有。这些人只要愿意向孔子请教，孔子都教他。这叫有教无类。而这些人愿意跟孔子交往，表现出一种交往的诚心，比如说“自行束脩以上，吾未尝无诲焉”，一个人愿意拿着见面礼来见孔子，倾心地向孔子请教，孔子并没有拒绝他。

还有客观情势让我们和一些人有了“友”的关系，也要珍惜。

比如邻居、同学、同事，乃至某一次出游的同行者。这些人都不是我们主动结交的，但客观上又成为必须交往的人，对于他们我们当然要诚心相交，而不是拒人于千里之外。

所以，我们说主动地结交，我们可以不去做，但是如果别人要跟我们交友，我们被动地结交，或客观情势已然让身边人成为自己的朋友，那是不可以拒绝的。

第三点，我们和人做朋友，总是要在他身上去发现长处，并向他学习。也就是说，我们在和一个人交往的时候，我们并不是在和他品行中不好的东西发生交流，而是要和他品行中优良的部分发生交流。

比如说，某一个人可能学识不如我们，但是他本性淳厚，我们要向他学习的是他淳厚的本性。再比如说，某个人在文学方面没有我强，可是他懂得计算机，他在某一技术方面比我强，我和他交往的时候，就要向他学习他比我强的技术的部分。所以，“无友不如己者”，你也可以把它理解为我们去学习别人的长处，而不是去学习别人的短处。这也是孔子讲的“择其善者而从之，其不善者而改之”（《论语·述而》）。

因此，“无友不如己者”，既可以理解为不要和不如自己的人主动交朋友，也可以把它理解为不要和别人身上的那些不如自己的部分做交流，不要向他学习坏的方面，而是要向他学习好的方面。

你看看，我们从这三个方面来理解“无友不如己者”，这一句话不是挺好的嘛！

但是在生活中，我们常常看到这样的人，他在结交朋友的时候，总是和一些不如自己的人交往。

为什么有些人总是要找一些不如自己的人交朋友呢？这实际上是一种心理脆弱的表现，他要在别人身上找到一种优越感。在比他优秀的人面前，他有压迫感，所以他总是要去交往一些不如自己的人，然后在这些人身上找自己的优越感、轻松自如感。这是生活中常见的现象。孔子的这一句话，对这些人也是一个告诫，你如果仅仅为了满足自己心中的那种非常脆弱的、可笑的优越感，常常和不如自己的人交朋友，那么，你就失去了自我超越的可能。这种损失太大了。

所以，记住孔子讲的话吧，我们要和那些比我们强的人交朋友，学习他们身上的那些优秀的品质。这样，我们才能够有所长进。

我们接着讲最后一句，“过则勿惮改”。

人不可能不犯错误，君子和小人之别不是说君子不犯错误，而小人犯错误；君子和小人的区别在于，君子犯了错误会改正，小人犯了错误会掩饰。君子可能会在不同的地方多次犯错误，而小人总是在同一个地方反复跌倒，因为他没有从错误中学习、反思。君子会在一个地方跌倒，但他能马上爬起来，并且不会在这一个地方再跌倒第二次，因为他在错误中学习了。所以，学习不光要从正确的地方学习，还要从我们犯过错误的地方学习。

“过则勿惮改”，这个“改”就是学习后予以改正。学习就是要对自己有所改变，有所提升。在对错误的学习与反思中让自己有所改变，这是一种非常重要、非常有效的学习方法。

本章的三句话给了我们三种智慧。我们了解了人生在世的一张通行证，记住了三个字："主忠信。"我们知道了在这个世界上交朋友的一个原则："无友不如己者。"我们还学到了提升自己的一个重要的途径，就是从错误中学习。

读《论语》不是读知识，读《论语》是读智慧。而智慧就是我们的德行。

没规矩的三桓

《论语》的第三篇叫《八佾篇》。“佾”这个字，平常我们真是见不着啊，记得有一次，我在某一个出版社出版《〈论语〉导读》，拿到最后的校样一看，“八俏篇”，把佾字写成了俏字，这两个字的字形还真的很像。

《八佾篇》的篇名也跟这一篇里面的第一章有关系。

孔子谓季氏：“八佾舞于庭，是可忍也，孰不可忍也？”（《论语·八佾》）

要把这一章讲明白，还真的稍微要费一点劲，因为这一章它涉及一个非常重大的历史事件。

“孔子谓季氏”，这句话是孔子直接针对鲁国当时的执政大臣说的，这个执政大臣季氏就是当时的季平子。

我们知道，孔子第一次出来做官，就是在季平子手下。所以，季平子也算是他的老上级了。但是，孔子为什么事情对他的老上级说出“是可忍也，孰不可忍”这样的话呢？

这一年是鲁昭公二十五年，孔子正好 35 岁。由于鲁昭公资助了孔子一车、两马、一竖子，孔子得以到洛邑去见老子，在那地方待了大概有大半年的时间。然后，他从洛邑赶回鲁国。就在这个过程中，鲁国发生了让孔子非常愤怒又非常悲哀的一件大事，这件大事就发生在帮助过他的鲁昭公和他的老上级季平子之间。

这两个人这一次终于彻底地翻脸了。为什么呢?

这一年,鲁昭公要祭祖了。在那个时代,祭祀是一个国家政治生活中最大的事儿了。你不要以为,国君祭祖跟老百姓没什么关系。这是我们今天的观点。在那个时代,国本身就是诸侯的,诸侯祭祖也就是祭国的祖,所以,这是国家的大事儿了。

《左传》里有这样一句话:"国之大事,在祀与戎。"什么意思啊?就是国家有两件大事,一件大事就是祭祀,一件就是战争。

但是祭祀却是常规的事务,周而复始。所以祭祀的重要性是排在战争之前的。

为什么祭祀是国家的大事呢?因为祭祀是礼乐文化最重要的一个部分。周朝的文化就是礼乐文化。礼乐是文化,礼乐也是周朝的制度。周朝一个很了不起的地方就在于它并不是要通过政府的权力来管理社会,而是培育社会的自治能力。在周朝,政府只负责制定规则,然后让社会按照规则自我运作。政府制定的规则就是礼乐。国君每年的祭祀,就是这个制度里面特别重要的一部分。所以,礼乐是政治,也是一种制度。

祭祀祖先要跳一种叫万舞的舞蹈。按照《周礼》的规定,不同的身份级别祭祀的时候,跳舞的人数是有区别的。天子是八佾。什么叫八佾呢?就是八行八列,总共六十四个人。诸侯是六佾,六行八列,总共四十八个人。大夫是四行八列,总共三十二个人。士是两行八列,总共十六个人。这个规定是不能够逾越的。

季氏在家里面祭祖的时候,他家万舞乐队的规模是多大呢?是八佾的规模，这是天子的规模啊。我们知道季氏只是一个大夫，他祭祀的万舞本来应该是三十二个人，它的规模整整扩大了一倍。他僭越了政治的规矩。

祭祀的时间也是有规定的。按照当时礼制，“君祭孟月，臣祭仲月”。农历的正月、四月、七月和十月，是国君祭祀。大臣祭祀是农历的第二月、第五月、第八月和第十一月。

为什么要做这样的规定呢？很简单，因为国君在祭祀的时候，臣子应该陪祭。

所以，其他人自己家里面的祭祀，时间上就必须和国君的祭祀错开。

这两个规矩我们搞清楚了。现在，我们来看一看，鲁昭公要祭祀祖先了，祭谁呢？祭他的父亲鲁襄公，他发现三桓都没来，原来这个时候，孟孙氏、季孙氏、叔孙氏三家也在祭祖。你看，他们破坏了规矩，竟然也在孟月祭祖，这是故意要给鲁昭公脸色看呢，根本就不把鲁昭公当国君，不把他放在眼里。这也就算了，鲁昭公也忍了，反正他也不是忍了一天两天了。但是，等到要举行万舞的时候，他突然发现，他的乐队上来了寥寥十六个人，还有三十二个人没来。到哪里去了呢？季平子把他的三十二个人调走了，调到季氏的家里面去给他跳万舞了。

这就变成了一个特别可笑的现象，鲁国的国君祭祖的时候只剩下了两佾，而鲁国的大夫季平子祭祖的时候，他家万舞的乐队人数是八佾，季平子祭祀变成了天子的规格，而鲁昭公成了士的档次，季平子把自己连升两级，还同时把鲁昭公连降两级。

鲁昭公还能忍吗？不仅鲁昭公不能忍，就连刚刚从洛邑回来的孔子，也觉得不能忍，所以，孔子就讲了这句名传千古的话：“是可忍也，孰不可忍也？”

这是《论语》第三篇开头的一章。

子曰：“人而不仁，如礼何？人而不仁，如乐何？”（《论语·八佾》）

第三篇挺有意思。《论语》每一篇的编排好像并没有一定的主题，虽然有一些内容大致相近的东西会放在一起，比如说第二篇里面有关“孝”的好几章内容就放在一起。但是从整个篇章来看，好像又看不出来这一章里面的主题是什么，这与我们现代人的编辑思路还是有很大不同的。也因为如此，我们现在有些人甚至在想，能不能根据《论语》所谈论的主题，把它分类编排呢？还真有人做过这样的事儿。为什么他可以做这个事儿？就是因为《论语》的编法还真的好像没有一定之规。

但是在第三篇里，我们看得出来，它里面有一个共同的主题，这个主题就是三个字，或者说三个概念：一个是“礼”，一个是“乐”，一个是“仁”。

第三篇第二章是骂三桓违背《周礼》，在家里面祭祖的时候，竟然用天子的音乐来祭祖。

本章两句话，它把本篇的三个关键的主题都讲到了。

“人而不仁，如礼何？人而不仁，如乐何？”意思是一个人为人却不懂仁德，那么行礼又能怎么样？一个人做人而不懂仁德，他又能如何去听乐？

从这一章很明显看得出来，孔子认为，“仁”是根本的东西，人类心中的这个仁德才是人的根本性的东西。而外在的礼仪和制度是人类心中的仁德的体现，礼乐的功能是要涵养人类心中的仁德。如果一个人内心已经没有了仁德，这些外在的形式也不过是装装样子罢了。

孔子讲的当然是一般的原则，实际上这还是在骂三桓。三桓好像很重视这个礼，他们如果不重视，怎么能够把天子之礼放到自己家里去呢？他们之所以借用天子之礼来祭祀自己的祖宗，显然是认为这种礼还是很重要的，也表明他们也认为这个乐是重要的。现在，季孙氏“八佾舞于庭”，三桓“三家者以《雍》彻”，他们这个“礼乐”，虽然都做了，但是这样恰恰证明，他们心中是没有仁的。如果他们心中有仁，怎么可能违背周公的制度，怎么忍心如此对待传统文化，怎么忍心如此侮辱和轻贱鲁昭公呢？显然，三桓的礼乐和仁德之间不但不是内外和谐的，恰恰表现出内外的一种矛盾。

所以，“人而不仁，如礼何？人而不仁，如乐何？”这句话骂的就是三桓。三桓这些人心中不仁，他们有礼又能怎么样？他们不仁，有乐又能怎么样？他们用这样的一种方式来祭自己的祖宗，如果他们的祖宗在天有灵，能接受他们的这种祭祀吗？

说到这里，我们来看看第三篇第四章内容：

林放问礼之本。子曰："大哉问！礼，与其奢也，宁俭；丧，与其易也，宁戚。"（《论语·八佾》）

林放向孔子请教"礼"的本源，孔子说："你能这样问，很了不起。举行礼仪，与其奢侈浪费，不如朴素节俭；办丧事，与其礼仪周到，不如悲伤哀痛。"

解释一下，林放，姓林，名放，字子上，鲁国人。南朝梁皇侃所撰《论语义疏·自序》引《古史考》说，孔子弟子见于《论语》者三十人，其中包括林放。"林放问礼之本"，孔子首先表扬他"大哉问"。什么叫"大哉问"呢？意思是你这个问题问得有水平呢。

为什么这个问题有水平？我们看到的礼是一些形式，是一些礼仪，是一些礼数，是一些礼节。但是，礼为什么要有这些礼数、礼节呢？因为这些礼仪、礼节和礼数的背后有着一种价值，这种价值才是礼的本。所以，林放能够透过形式去追求礼的价值，去追求礼的功能，去追求周公设置周礼的最初动机，说明他是一个直探本源的人、一个有思考能力的人。所以，孔子表扬他。

孔子接着说："礼，与其奢也，宁俭；丧，与其易也，宁戚。"你看，有的人奢侈浪费，让礼仪显得很夸张、很豪华，但是这种夸张、豪华、炫耀恰恰违背了礼的本质。所以，孔子说："宁俭。"办丧事"与其易也，宁戚"，这个"易"就是指严格地、周到地按照礼节来办事，一丝不苟，一个环节也没有欠缺。孔子说，与其这样，那还不如有真诚的悲伤。当然，我们说礼仪的规范、周到是没问题的，但是假如你在严守礼仪的同时，内心并没有更多的悲伤，二者相权，还不如因为悲伤而疏忽了某些礼节。

《礼记·檀弓上》记载了子路说的一段话："吾闻诸夫子：'丧礼，与其哀不足而礼有余也，不若礼不足而哀有余也。祭礼，与其敬不足而礼有余也，不若礼不足而敬有余也。'"这个话讲得比《论语》的第三篇第四章全面一点。我把它翻译一下，子路是这么说的："我曾经听老师说：'在举行丧礼的时候，与其哀伤不足而礼节有余，那还不如礼节不够，但是哀伤过度。祭祀的时候，与其恭敬不足，而礼品有余，还不如礼品不足，而恭敬有余。'"

我们稍微总结一下，第三篇第三章和第三篇第四章都在讲礼，同时也讲到了仁，而且"林放问礼之本"，"礼之本"三个字可以看成上述两章内容的核心。礼的本是什么？是仁。外在的一切周到的礼仪和音乐，它最终都出自我们内心的仁爱。如果没有仁爱，徒有一些花架子，那么这一切也就没有意义了。

仁者的好恶

子曰："唯仁者能好人，能恶人。"（《论语·里仁》）

这是《论语》第四篇第三章的内容，意思是："孔子说：'只有仁德的人才能够喜爱一个人，憎恶一个人。'"

为什么说仁德的人才能够喜爱一个人，憎恶一个人呢？那么不仁德的人难道就不能够喜欢一个人和憎恶一个人吗？不是这个意思。孔子的意思是只有仁德的人才能有资格、有能力去喜爱一个人，憎恶一个人。是因为仁德的人喜爱一个人，这个人必有可爱之处；仁德的人憎恶一个人，这个人必有可恶之处。而不仁德的人，可能对方恰恰是个好人，他才憎恶他。这是我们要讲的第一层意思。

更重要的是，仁德的人才是有爱恨的。

我曾经听演讲，演讲者在上面喋喋不休，大言不惭地说了一句话：真正的君子，从来不会去攻击别人。一听这话，我就觉得很奇怪。

首先，什么叫真正的君子？难道还有不真正的君子吗？君子难道分两种吗？这在逻辑上就讲不通。君子就是君子。如果不是君子，他就是小人。如果你说，不是有伪君子吗？伪君子，他不是君子啊。

其次，他说了，真正的君子从来不去攻击别人。如果顺着他的逻辑，我们可以得出一个结论：凡是攻击别人的都不叫君子，那我想问一问在战场上，为国作战而向敌人发动进攻的战士叫不叫君子呢？还有，孔子、孟子从来不攻击别人吗？孔子、孟子对这个世界上的坏事和坏人，从来都是疾言厉色地加以批评和攻击的，难道他们不是君子吗？

所以，是不是君子，不是看他是否攻击别人，也不是看他是否喜欢别人，而是看他喜欢什么人和攻击什么人。

仁者爱正义，所以，他一定会去恨不正义。不仁者未必恨不正义，所以，他也就未必能够爱正义。仁者的爱憎才是公正的爱憎。所以，仁者才有资格爱，尤其是有资格去恨，被仁者所爱的人必有可贵、可爱之处，被仁者所恨的人亦必有可恨、可恶之处。而相反，那些不仁者的爱憎往往是私爱与私仇。所以，不仁者未必有真正的爱，但却常常有刻骨的恨。被不仁者爱的人未必真可爱，而不仁者所谓的爱人，也未必就是真爱，他不过在某些特定的时刻需要你了，从而表现出所谓的爱而已。

比如说，他忽然拍一个人的马屁了，在那个人的面前奴颜媚骨，他是真爱这个人吗？不是，他是觉得这个人可以帮他。

虽然缺少真正的爱，但是不仁者一定会有刻骨的恨。为什么？因为他们心中除了爱自己，从来就没有爱别人。也正因为这样，谁挡了他的道，他就会恨谁，甚至不惜清除谁。

讲到这里，我要说一下爱国。对国家真正的爱，不是整天说自己祖国的好话，哪怕自己的祖国在某些方面有待完善，他也说好话。就像鲁迅先生曾经批评过的那样，“红肿之处，艳如桃花，溃烂之时，美如乳酪”。把那些红肿的地方都夸赞成一朵桃花，溃烂的地方都说它美如乳酪，请问，这是真正的爱国吗？如果祖国在某些方面不好，我们对它进行批评，这恰恰是最大的真正的爱。

仁者有真爱，而他的恨往往也是基于爱。他恨那些不仁的人，恨那些不仁的事，恨这个世界上的一切邪恶，因为他发现，这些不仁的人、不仁的事和这些邪恶是在损害更多人的利益，他是出于对更多的人的爱才去恨那些损害了人民利益的人和事。

所以，“唯仁者能好人，能恶人”，至少有以下三层意思。

第一，仁者能做到能爱，能恨。也就是说仁者有资格，有能力去爱、去恨，因为仁者的爱是真爱，爱公平，爱正义，爱一切善良的人。而仁者的恨也是基于爱，正如我们通常所说的那样，因为爱得深，所以恨得切。仁者不会无缘无故地去恨一个人，仁者更不会因为自己个人的私利去恨一个人，仁者之所以要恨一些事，恨一些人，是因为他爱这个世界，他不允许邪恶的力量来伤害这个世界，伤害这个世界上那些善良的人。所以，基于爱的恨，是一种高尚的恨。

第二，仁者有爱、有恨。无恨无爱不是什么境界，而是一种道德上的麻木。所以，假如有人在宣扬，仁德之人只会所谓的完善自己，而不会去恨别人，我觉得这是一种忽悠。仁者一定是有爱有恨的。有爱有恨表明他有道德的敏感，而无爱无恨不是什么境界，恰恰是一种道德感的麻木。

第三，仁者不仅有爱有恨，能爱能恨，仁者还必须勇于表达自己的爱和恨，因为仁者的爱与恨是一种力量，是世界上不可或缺的力量。正是在这爱与恨里面，我们才能看到这个世界的正能量，看到这个世界的方向，看到善恶的此消彼长。

在仁者的爱里，善在生长；在仁者的恨里，恶在消亡。仁者的爱是对善的鼓励，仁者的恨是对恶的制约。

把这三点做一个总结：第一点，仁者能爱能恨，这是仁者的能力；第二点，仁者有爱有恨，这是仁者的道德；第三点，仁者必须勇于表达自己的爱和恨，这是仁者对这个世界必须承担的责任和义务。

能爱能恨，是知（智）；有爱有恨，是仁；勇于表达自己的爱和恨，是勇。

孔子怎么挑选女婿

《论语》的第五篇——《公冶长》的主要内容是评价古今人物，重点是评价孔子的那些弟子，公冶长就是孔子弟子中的一个。

当然了，这个公冶长的身份有一点特别，我要提一下。第一点是公冶长在整个《论语》里面就出现了这么一次；第二点是公冶长是孔子的女婿。

为什么我要特别提醒他是孔子的女婿呢？我们来看看第五篇第一章。

子谓公冶长："可妻也。虽在缧绁之中，非其罪也。"以其子妻之。(《论语·公冶长》)

孔子说起公冶长，对他很理解，这个人不错啊，可以把女儿嫁给他。原文中的"妻"，在这个地方应读成qì，当动词用，"可妻也"，意思是说这个人可以让他娶妻，把一个女人嫁给他。

但是，下面的话很有意思，"虽在缧绁之中"，"缧"是一个很大很粗的黑色的绳子，"绁"就是把人绑起来，古人是用黑色的长绳子把罪犯捆绑起来。所以，缧绁也就是指被系囚，就是把他关在监狱里的意思。也就是说，公冶长竟然是在监狱里面服刑，或者说他曾经服过刑。公冶长显然是曾经犯过罪，被关进过监狱的。但是，孔子认为"非其罪也"，不是他自己的罪过，而是因为别的问题。因此，不能够因为他曾经有过这样的一个人生污点，就歧视他。孔子认为，这个人是可以让他娶妻的，并且把自己的女儿嫁给了他。“以其子妻之”，这个“子”指的就是女儿。在《论语》里面，“子”既可指儿子，也可指女儿，这个地方当然是指女儿了。

我们来看看这个很有意思啊，公冶长虽然被关在监狱里，但这并不代表他真有罪过。孔子的嫁女理由实际上并不很充分。为什么呢？因为这个只能说明公冶长是被冤枉的，并不能说明他是优秀的，更不能说因为他受了冤枉就补偿给他一个妻子，把女儿嫁给他。所以，孔子把女儿嫁给公冶长，一定还有另外的理由，那就是公冶长同时是一个很优秀的、品德很好的人。在这样的基础之上，即使他曾经非因其罪而获刑，孔子也并不因此歧视他，坚持把自己的女儿嫁给他。这一点正是孔子超越凡人的地方。

我们再看接下来的一章，第五篇第三章跟上一章有非常强烈的关联，第一章是讲自己将女儿嫁给公冶长，第二章是讲孔子嫁自己的侄女，嫁给谁呢？嫁给了另外一个学生——南宫适。

南容，姓南宫，名适，字子容，所以，《论语》里称南容。

子谓南容：“邦有道，不废；邦无道，免于刑戮。”以其兄之子妻之。（《论语·公冶长》）

这一章讲把侄女嫁给南容，理由要充分一点了。为什么呢？你看，这个南容有什么样的优点呢？太平的时候总有官做，“邦有道，不废”，这个“不废”就是不被免职，可以养活家小；“邦无道，免于刑戮”，国家在无道混乱之时，他也可以全身而退。所以，孔子就把自己的侄女嫁给了他。

我们知道，孔子有一个大哥，叫孟皮。孟皮是一个残疾人，可能很多时候，大哥家的事孔子就代为当家做主了，这也是我们古人的一种很好的传统。我们古人一般讲家庭的时候，讲的是家族，不像我们今天只讲一家三口，其他的都置之度外。古人的家庭观是一种大家族的观念，一个人不仅要关心自己的子女，还要关心自己的侄子和侄女，也就是说整个家族下一代的教育、下一代的婚配、下一代的事业发展等，这些都要关心。这是中国古代的一种很好的文化传统。我们今天有很多人觉得这个不好，怎么那么繁琐，有那么多的亲戚，这实际上是一种很自私的想法。这么想不是自由，是自私。

一个人应该尽量多地承担起社会责任，当然，也要尽量多地承担起对家族的责任。如果一个人对同一个家族的兄弟姐妹、子侄辈都不愿意多担责任，视之为负担，你能想象他会对其他的人、对国家承担责任吗？

抛弃对家族其他成员的责任，不是在倡导一种所谓的现代自由，而是在提议一种隐藏在自由理念背后的骨子里的自私。孔子把自己家族的事情都放在心里，把自己的侄女的婚配责任也担当起来，这是中国古代的文化传统。根据《孔子家语》记载，孔子的侄子也被他收来当自己的学生，一样地予以教导。这都是值得我们好好去学习的地方。

我们从这两章内容里面更可以看到，孔子在嫁自己的女儿和侄女的时候，对对方的要求非常的平实。

我们说孔子本人境界很高，看人的眼界也很高。但是，嫁女儿、嫁侄女的时候，他对别人的要求并不高，甚至一个有着刑事经历的人，他也不嫌弃。而南容这样的人也不过就是有一个职业，在乱世能够自保的平常人，这个也成为孔子嫁女儿的一个充分理由了。这个要求真的是很平实。

我们再来看看第五篇第三章，孔子讲他的另外一个学生，叫子贱。子贱姓宓，名不齐，字子贱，所以我们也可以称之为宓不齐，或者叫宓子贱。

孔子说到了这个宓子贱："君子哉若人！鲁无君子者，斯焉取斯?"（《论语·公冶长》）

第一句话："君子哉若人!"这是一句感叹句，意思是说："这个人真的是个君子啊。"孔子用这种口气来称赞自己的学生，可见他对这个学生真的是非常欣赏。

下面一句话，"鲁无君子者，斯焉取斯"，他讲的是另外的意思了。宓子贱是君子没问题，但是这个君子是怎么养成的呢？君子之养成需要有一个好的文化环境，需要有一个肥沃的文化土壤。宓子贱成长在鲁国，鲁国正好就有这样的一种君子文化的传统。所以，"鲁无君子者，斯焉取斯?"翻译过来就是，假如鲁国没有那么多的君子，那么宓子贱又从哪里去学得这种品德呢?

显然，这一句话在夸两件事儿：第一，夸鲁国有一个很好的文化传统，夸鲁国有很多的君子风范之人，这些君子风范之人组成了一个国家的整体的文化氛围，给人一种积极的、向上的、向善的引导和动力。所以，我们说一个家庭有一个家庭的家风，一个地方有一个地方的民风，一个国家也有一个国家的国风。一旦家风坏了、民风坏了、国风坏了，那这个国家就很难再向上和向善了。同样，如果家风好，民风好，国风好，那么，生长于斯的人也往往就会好。

所以，孔子的“鲁无君子者，斯焉取斯?”这一句话是在夸鲁国啊。鲁国是君子之乡，其先祖有周公，在当时有孔子。宓子贱生长于斯，受其熏陶而有君子之德，不亦宜乎。

第二，这句话也是在夸宓子贱。夸他什么？第一句话已经夸他有君子品德了；第二句话夸他善于学习。

宓子贱之所以成为一个君子，并不是因为他生来就是一个君子，而是因为他生长在君子之乡，受君子之风的熏陶。这一种熏陶是双向的，既是君子之风对他的熏陶，也是他对君子之风的接受。他是一个善于学习的人，因为他善于学习，所以他成了君子。君子都是养成的。

第四讲 见贤思齐

君子的标准

子曰：“君子食无求饱，居无求安，敏于事而慎于言，就有道而正焉，可谓好学也已。”（《论语·学而》）

注意开头的两个字——“君子”，也就是说，其后所讲的这一切都是君子应该做到的。

君子应该做到“食无求饱，居无求安，敏于事而慎于言，就有道而正焉”。而且这一切，孔子还给了它一个结论叫“好学”。

我们把它简单地翻译一下。孔子说：“君子吃饭不求饱足，居住不求舒适，做事勤劳敏捷，说话谨慎小心，到有道德的人那里去请教，然后改正自己的缺点，这样就可以说是好学了。”

这段话是对君子的要求。在这里，我想跟大家讲一件我经历的事儿。

曾经有一次，我到广州做了一场演讲，演讲结束以后，有很多的小朋友在家长的带领下走到前台，要跟我拍照片。拍完照片以后，我就问了小朋友们几个问题。

第一个问题是：你们读过《论语》吗？好多小朋友都摇头，说没读过。这个我能够理解，因为我们今天的学校是不读《论语》的，即使读，也只不过是在《论语》中选几章来读一读，这正是我们今天教育的大问题，一本应该从头到尾整体读的书，我们没有读。

第二个问题是：你们知道孔子吗？很多小朋友说知道。但是他们也只是知道一个名字，孔子到底是一个什么样的人，有什么样的个性，有什么样的主张，孔子对我们有什么意义，他们实际上是不知道的。

我问的第三个问题是：你们长大了以后，要做君子还是要做一个小人？前两个问题他们的回答让我比较失望，虽然这个失望在我的预期范围之内，我早知道这两个问题他们不会有一种合乎我期待的回答。但是，第三个问题他们的回答竟然让我非常的满意，所有的小朋友都跟我说了一句话："我们长大要做君子，绝不会做一个小人。"

我就问他们："你们知道什么叫君子，什么叫小人吗？君子和小人有什么区别？"他们说："君子就是好人，小人就是坏人。"

我觉得这个回答挺不错了，因为他们说要做一个好人，而不是做一个坏人。

但是问题在于，怎样才能成为一个好人，怎样会成为一个坏人。如果我们不读《论语》，真的不一定能知道，我们只是模糊地知道君子和小人的一个概念而已。

但是读了《论语》后，我们就知道君子应该是什么样子的，小人应该是什么样子的。比如说这一章，孔子讲"君子食无求饱，居无求安，敏于事而慎于言，就有道而正焉"。这就是君子的行为。我们只要读了这一章，就知道君子跟小人的区别是什么。

所以，我们读《论语》就是让我们自己能够明白怎么做才是一个有体面的人，或者说能成为一个君子。

孔子在这个地方给我们提出了一个标准，叫“食无求饱，居无求安”，我觉得这两句话说得真好。这也是两个成语，我们先把它记住。

我们更要记住的是这正是君子、小人之别，小人是食求饱、居求安。也就是说，小人一生的追求就是自己吃得好，住得好。当然君子并不拒绝这些，问题是君子并不以此作为自己的终生追求。

食求饱，居求安，也不是一件坏事，它是人正常的生理欲求，并且正是在这种欲求驱使下，人类的物质文明，甚至精神文明才不断地进步。

孔子这里所提倡的“食无求饱，居无求安”，仍然有值得我们认真思考的、肯定的价值。人生在世，我们不能仅仅有物质的追求，还应该有心灵的追求，那就是追求知识，追求自由，追求真善美。

在物质匮乏的时代，为了心灵的追求，我们必须节制一下对物质的渴望，欲望本是无止境的，这就是所谓的欲壑难填。如果我们一定要等到物欲满足了才追求精神满足，或许我们永远也等不到这一天。也就是说，只要我们在追求食得饱和居得安，永远也不可能等到肉体满足的这一天。原因很简单，对于食得饱和居得安的追求，已经不是对物质满足的追求，因为不论物质丰富到何种程度，我们不断膨胀的欲望仍然是不会满足的。

例如我们在步行的时候，希望自己有一辆自行车；有了自行车以后，希望有一辆摩托车；有了摩托车以后，希望有一部小轿车；有了一部小轿车以后，可能会希望有一部名牌的轿车；等等。

讲这些只是想告诉大家，人的欲望是无止境的，如果我们的追求仅仅局限于物质，那么永远也不可能把追求放在精神上。孔子讲“食无求饱，居无求安”，他的意思并不是说我们不要吃饱，不要居住安逸，儒家从来没有否定过人对物质的追求，也从来没有否定过应该满足人民的物质欲望。孔子也好，孟子也好，他们心目中理想的政治——仁政，首先建立在人民的物质生活基本获得满足之上。

孔子讲“食无求饱，居无求安”，他的意思是说我们不要把精力聚焦在这些地方，人类毕竟是人类，人类除了有物质的需求，还应该有精神的需求。我们只有意识到这一点，才能够让人类成其为人类。

再往下面看，“敏于事而慎于言”。好多人都在批判儒家，说儒家是坐而论道。他们真的是不明白，孔子反复地告诫我们要“敏于事而慎于言”。孔子希望我们成为一个行动者，他希望我们去做，而不是仅仅在空谈。这个“敏于事”就是让我们赶紧去做，去“起而行之”，不要坐而论道。

所谓的“慎于言”，是孔子告诉我们说话一定要谨慎。孔子也并不是说说话会带来什么严重的后果，而是要我们知道，如果我们仅仅地满足于说，而不是去做，那么我们就会习惯于说空话，说大话。所以，要先做后说，先做可以不说，但说了而不做是不可以的。

“就有道而正焉”和我们讲过的“泛爱众而亲仁”存在一种因果关系。孔子为什么让我们亲仁？接近仁德的人，不是说我们要攀援一种关系，而是要通过接近他们，向他们学习，来改正自己不合于道的行为，用他们的德行来纠正我们不好的行为，然后“就有道而正焉”。

人生的学习，真的不仅仅是要向书本学习，还要向身边的那些有道之人学习。我们今天很多人，在无意之中，形成了一种观念，学习就是到学校里面去翻开课本，跟着老师去读课本，这叫学习了，其实不然。在儒家看来，学习最重要的是向生活中我们所碰到的那些道德品质比我们高尚的人，学问比我们好的人，能力比我们强的人，德行比我们纯洁的人，向他们去学习。

“就有道而正焉”甚至比我们去翻开课本，向课本学习更加重要。因为课本是死的，而有道之人，他们的言谈举止，他们的懿行嘉言，是鲜活的。在生活中，多观察有成就的人为人处世的方式，有时候比我们整天死读书本里枯燥的理论，可能获得的东西更多，这也才是真正的好学，也就是孔子说的“可谓好学也已”。

富润屋，德润身

子贡曰：“贫而无谄，富而无骄，何如？”子曰：“可也。未若贫而乐道，富而好礼者也。”子贡曰：“《诗》云‘如切如磋，如琢如磨’，其斯之谓与？”子曰：“赐也，始可与言《诗》已矣，告诸往而知来者。”（《论语·学而》）

这一章是子贡说的话。在《论语》的第一章里面，有子出现了三次，子贡出现了两次，这说明他们的地位是蛮高的。有子出现的三次都被称为“子”，曾子也出现了，他也是被称为“子”的。子贡倒是不被称“子”，这个人的地位很有意思。他虽然没被别人称作老师，但是他也是师兄弟里面最杰出的了，不然为什么在《论语》的第一章里面他竟然出现两次呢，而且这两次关于他的语段都比较长，还都是以对话的形式出现的。第一次是他和他的一个师弟子禽的对话，这一次是直接和他的老师孔子对话的。我们来看一看这段对话，谈了一件什么样的事儿。

这段话比较长，我们先解释一下大意。先是子贡问：“老师，一个人在贫穷之中能够不阿谀奉承，在富贵之时能够不骄傲自大，做到这样的两种境界了，怎么样啊？”

子贡讲这两句话的时候，显然他对这两种境界是表示一种肯定了，他觉得做到这两种境界很了不起，而且觉得自己肯定是做到了，所以希望老师给他一个肯定的回答。这个提问本身就暗示着一个肯定的回答。

孔子当然也觉得这是不错的，说：“可也。”孔子顺着他的意思告诉他，很不错。但是孔子也说了，这还不是人格和人生最高的境界，最高的境界是“贫而乐道，富而好礼者也”，孔子一下子就把境界提高了。

孔子总是比他的弟子们看得更高，看得更深，看得更广。这就是师者的境界。

子贡当然是一个聪明的学生了，他马上就想到了一个例子，说：“老师您说得真好，这是不是就是《诗经》上所说的‘如切如磋，如琢如磨’呢?”

什么叫“如切如磋，如琢如磨”呢？这个本来讲的是玉器的雕琢，一件器物，无论是骨头、牛角、象牙，还是玉石，从原料到最后成为一件非常好的器物，必须要经过切料、锉治、雕琢和磨光这些过程。

孔子一听很高兴，说：“赐啊，你很不简单，从现在开始，我就准备教你读《诗经》了。你真的把《诗经》读懂了，你从《诗经》里面所讲的器物的雕琢看出了它讲的是人格的磨炼，表明你已经可以举一反三了，你已经能够从我告诉你的话里面推出更深、更广的道理了。”

我们看师徒二人的对话，真是温馨。学生善于问，老师善于答，并且学生在老师的回答里面还能够有新的领悟。从这一番对话里面可以想象，孔子平常教学是什么样的情景。我们今天有的老师，把知识告诉你，让你原原本本地把它记下来，然后在老师出的考卷上，再原原本本地把它写在考卷上还给老师，老师就给你满分了。在这个过程中，我们缺少了启发，缺少了学习的主动性，缺少了自己的智力参与，缺少了自己领悟的过程。所以，我们现在读《论语》，就要关注孔子的教育方法和教学的技巧。

我们再把这段话做一个简单的分析。实际上，孔子和弟子子贡谈的是人的三种境界，这三种境界是在贫富的变化之中体现出来的。

子贡为什么说“贫而无谄，富而无骄”是很不错的了？他带着一种自得，想在老师这里寻找肯定。因为子贡看到了人生还有更低的境界——贫而谄，富而骄。生活中是不是有的人的人生常态就是贫而谄，富而骄呢？

这种现象我们真的是看得太多了。所以，一个人如果能够修炼到“贫而无谄，富而无骄”，真的已经很不错了。

讲到这儿我要说一下，“贫而无谄，富而无骄”，要做到这两点都不容易。但是，相对而言，哪一个更难一点？

我认为，“贫而无谄”要难一点，“富而无骄”要容易一点。为什么？很简单，一分钱逼死英雄汉。就像李逵曾经讲过的那样，没有银子那是很难做好汉的。所以，一个人贫穷了而能无谄，真的很不容易。孔子曾经夸奖过他的弟子子路，说子路这个人穿着破衣烂衫，和那些穿着好衣服的人站在一起，他能够毫不自卑、从容淡定，这个弟子了不起。

那么，相对于“贫而无谄”的难，“富而无骄”要容易得多了。一个人富裕了，本来你就有很强的优越感，在这个时候表现一点谦恭，这个真的是不难的。为什么这么容易做到的事情，今天很多人却做不到呢？就是我们这一代人富起来太容易了，太快了，但是要让他们贵起来，真的可能还要假以时日，需要在更多的时间里面有更多的教育和自我的学习。比如大家一起来读一读《论语》，我想一个富人如果他真的很认真地、很虔诚地读《论语》，读到了这一段，多少总会收敛一点他平时的骄横吧。

这是两种境界。贫而谄，富而骄，是一种自然的境界；“贫而无谄，富而无骄”，是一种经过修养之后所达到的较高的境界。但是，它还不是最高的境界，最高的境界是不仅“贫而无谄”，而且要贫而乐道，“贫而无谄”只是一个否定，是破，否定了“谄”，“贫而乐道”才是立。“贫而无谄”只是说贫穷的时候我没有坏毛病。贫而乐道是说在贫穷之中，我还有自己最重要的财富——道。好像我一贫如洗，好像我一无所有，其实并不是，我在贫穷之时，仍然有道，这就是我的财富。并且这个财富能够给我的人生以最大的、最高层次的快乐。同样，“富而无骄”也只是破，破掉了你的“骄”，“富而好礼”是立。你有了那么多的钱，不是拿来做自我骄傲的资本的，更不是拿来做炫耀性的消费的，你要拿这笔财富给社会谋福利。所有的财富都是社会的财富。一个人能够挣钱，靠的是本事，一个人怎么样去花钱，才能看出你的境界。孔子这个地方讲的就是一个人在贫和富的时候，他有可能达到的境界。

我们说人的境界与贫富有关，也与贫富无关。因为一个人在贫穷和富贵的时候要达到一种境界，可能会碰到不同的条件。但是假如我们真的一心向往道义，一心向往礼义，那么贫穷不能阻碍我们，富贵也不能够影响我们。贫穷之时并不妨碍我们乐道，富贵之时我们更有条件去行礼。

就像古语说的，“富润屋，德润身”，你有钱财可以装饰你的房子，但是德行才能够装饰自己的身心。

父子相争

冉有曰："夫子为卫君乎?"子贡曰："诺，吾将问之。"入，曰："伯夷、叔齐何人也?"曰："古之贤人也。"曰："怨乎?"曰："求仁而得仁，又何怨?"出，曰："夫子不为也。"（《论语·述而》）

这是《论语·述而》第十五章的内容。讲这一章之前，我们先说一说卫国，说一说卫国的那些事儿、卫国的那些人。

孔子周游列国的时候，我们都知道他周游列国 14 年。虽然说是周游列国，好像去了好多国家，但是很多国家也只不过是经过一下或者是暂住一下，他真正长时间地待的国家并不多，其中卫国、陈国、郑国待的时间算是稍微长一点。在卫国待的时间是最长的，据现在的学者考证，在 14 年里面，大概有 12 年的时间都待在卫国。这个当然是有原因的。

第一，孔子跟卫国有感情。他曾经讲过："鲁卫之政，兄弟也。"（《论语·子路》）意思是鲁国和卫国的政治，那就是一对难兄难弟。

我为什么把它翻译成难兄难弟呢？孔子讲的这个兄弟也确实带着一种感叹。历史上，鲁国和卫国的开国国君，是周文王儿子里面感情最好的两位了，一个是康叔，是卫国的开国国君，一个就是周公旦。

到孔子的时候，这两个国家都相对衰弱，都受了一些后来强盛起来的大国的欺负，所以搞得像难兄难弟一样。

但是，毕竟鲁国、卫国是礼仪之邦，《左传·襄公二十九年》讲到，卫国有很多的君子（“卫多君子”）；《论语》里面也记录了很多君子，比如说像蘧伯玉，所以孔子在这样的国家里面待着，他觉得能找到同道，不寂寞。

孔子不是讲过“里仁为美”嘛，你的邻居中有很多有德性的人才好。我们经常有人说“卜居”“卜宅”，但是你要记住，你占卜的不是风水，而是你的邻居。

孔子到了卫国，在这个地方，他找到这样的一种感觉，所以，待的时间比较长。

当然，在卫国他也有苦恼，卫国并不都是君子。孔子在卫国待的时间长，跟卫灵公也有关系。孔子实际上并不是很欣赏卫灵公，孔子曾经说他无道。但是，孔子又觉得他很会用人，所以卫国还保持着一个基本稳定的局面。卫灵公糟糕的是什么呢？他到了晚年，竟然还娶了一个特别妖艳的小女人，叫南子，就是曾经给孔子带来很多尴尬的南子。

南子这个女人，名声不是很好，她是一个有绯闻的美女。她是宋国人，自己在宋国做姑娘的时候，就和一个叫公子朝的人有染。嫁给了卫灵公以后，仍然不安分。有一天，她就跟卫灵公说她想以前的情人了。卫灵公竟然糊涂到真的把公子朝招来了，然后公子朝跟南子在一起待了很久。

这时，卫国的世子蒯聩，也就是卫灵公的儿子，法定接班人，到国外出访，经过宋国，在宋国的田野上，他听到宋国的老百姓在唱一首歌。这显然是宋国的老百姓看到卫国的世子来了，故意唱给他听的。这首歌在《左传·定公十四年》上有记载，歌词说："既定尔娄猪，盍归吾艾豭。"我把歌词翻译成白话，你就听懂了，听懂后，你也会觉得这个歌真的挺恶俗。

歌是这样唱的："我们已经用一头小公猪满足了你们的小母猪了，现在，你们是不是该把我们的小公猪送回来了？"

作为一个国家的世子听到这首歌，觉得真的是太丢人了。他发誓回去后一定要把南子，也就是他的继母，给杀了。

但是这个事情最终败露了，败露了以后，南子当然不放过他了。卫灵公当然也很生气，心想，你竟然要杀我心爱的女人，你这做儿子的太不孝顺了。所以，卫灵公和南子就一定要杀掉世子蒯聩，蒯聩只好逃走了，逃到了晋国。

世子逃走以后，卫国也就没有世子了，卫灵公死了以后怎么办，立谁为国君呢？蒯聩是逃走了，可是蒯聩的儿子姬辄还留在卫国，所以，卫灵公死了以后，世子的儿子被立为国君。

这个时候，蒯聩身在晋国，当时主持晋国政务的执政大臣叫赵简子。这个赵简子大家一定很熟悉，他就是"东郭先生和狼"的故事里面提到的那个赵简子。赵简子一看，卫灵公死了，他的世子在我们国家，他就派军队又把蒯聩送回卫国，让他回国当国君。可是，蒯聩回来以后发现他的儿子已经当上国君了。这个时候怎么办？一般来说，要不父亲就说，既然儿子已经当上国君了，那我就做"太上皇"吧，或者是儿子看自己的父亲回来了，把国君之位让给父亲也可以。这父子二人如果能做到这一点，自然就没有问题了，还能成为美谈呢。

可是蒯聩回来以后，一心要当国君，要取其子而代之。而姬辄一看父亲回来了，牢牢抓紧国君之位绝不相让。父子之间竟然开始争夺王位了。

这个事情在卫国是一件大事，当然，这个事情发生的时候，孔子已经不在卫国，他回到鲁国了。但是孔子有些弟子还在卫国，比如说子路，并且子路也因为这次重大的政治之变，最终死在卫国，这也算是孔门的一个大悲剧了。

就在蒯聩、姬辄父子二人争夺卫国国君之位的关头，孔子人在鲁国，孔子的弟子冉求在鲁国季氏那个地方做官，子贡此时也在孔子的身边。对于此事，他们不知道孔子到底站在哪一边，弟子们都想听听老师的意见。

有一天，冉求就问了子贡。冉求比端木赐（子贡）大两岁，所以他说：“师弟啊，我们的老师到底站在谁的一边啊?”子贡一听，说：“我去帮你问问吧。”《论语》第七篇第十五章讲的就是这个故事。

冉有问道：“老师是帮着卫国此时的国君吗?”冉求的意思是此时姬辄已经被立为国君了，做父亲的本来流亡在国外，再回来争抢，至少已经很被动了，何必呢？所以，在冉求看来，老师可能会站在此时此刻已经占据国君之位的姬辄的一边，所以，他就问自己的师弟子贡“我们的老师是不是站在现在国君的这一边”。

子贡一听，说：“我进去，帮你问一问。”然后子贡就进去了，进到屋子就问孔子："老师，伯夷、叔齐是什么样的人呢?"孔子说："是古代的贤人。"子贡接着就问："他们有怨恨吗?"伯夷、叔齐让出了自己的国君之位，有这么高的德行，但是最终饿死在首阳山上，他们有怨恨吗?孔子回答说："求仁而得仁，又何怨?"他们追求仁德且得到了仁德，又有什么怨恨呢?子贡听到这个地方，明白了，走出屋子，对冉求说："老师不赞成卫君，并不站在此时的国君姬辄的这一边。"

大家可能要问了，孔子是站在蒯聩的这一边吗?我告诉大家，孔子不站在这一对混账父子中的任何一边，因为他们只要有一个能够有所谦让，都不会出现这样的尴尬局面。

我想提醒大家，我们首先要注意，为什么子贡问伯夷、叔齐有没有怨，孔子说求仁得仁没有怨，然后子贡就明白老师不支持这一对混账父子中的任何一个人了。

很简单，蒯聩、姬辄父子争位，与古代伯夷、叔齐两兄弟让位，形成鲜明的对比。孔子赞扬伯夷、叔齐的礼让为国，自然就不赞成蒯聩、姬辄的父子争位。所以，子贡很聪明，他绕了一个弯子来问。

我们来看一看，冉求问的是："夫子为卫君乎?"子贡去问老师时，根本就没有提到此时此刻的卫国，以及卫国的那一对混账父子。这说明子贡很聪明，子贡很善于问问题。这实际上也是冉求要让子贡去问的原因。

当然，我们从这儿可以看得出来，冉求和孔子的关系并没有子贡和孔子的关系那么近，孔子不是宣布过开除冉求了吗?冉求不大敢直接去问老师你赞成谁、你不赞成谁，他可能怕老师批评他。子贡估计也不大敢问，但是子贡知道怎么样绕着弯子去问。会问问题，这个还真是一种水平，也是一种学问。当你会问的时候，你就有学问了。

孔子的诅咒

子曰："三人行，必有我师焉。择其善者而从之，其不善者而改之。"（《论语·述而》）

"三人行，必有我师"，这一句话我们都耳熟能详。但是，下面还有一句话，可能很多人就不一定知道，叫"择其善者而从之，其不善者而改之"。三人行必有我师，并不是说我们就一定要主动地向这个人请教某些具体问题，或者说这三人里面就一定有人主动地来教导我们，而是我们要默默地观察他们的言行举止，然后发现他们的优点，默默地向他们学习。这叫"择其善者而从之"。

三人行，必有我师，这个"师"并不是说他在很多地方都比我们强，只是说这三个人里面，总有一个人的一些品质是值得我们学习的，总有一些优点是值得我们学习的。

所以呢，这里面有一个择，"择其善者而从之，其不善者而改之"，他身上也会有不如我们的地方，我们看起来觉得不够完美的地方，那我们也对照一下自己，要改正。

讲到这里，我们来看看第四篇第十七章。

子曰："见贤思齐焉，见不贤而内自省也。"（《论语·里仁》）

看到贤人，我们就想着向他看齐；看到不贤的人，我们就要自我反省，自己是否也有类似的毛病。

老子的《道德经》中说："故善人者，不善人之师；不善人者，善人之资。"意思就是说，善人是不善人的老师，但是不善人对我们而言也有他的用处：他是我们的一面镜子。从善者那里看到了我们要学习的东西，从不善者那里看到了我们需要改正的和小心戒备的东西，所以这个择很重要。

当然，下面还有一个字也很重要，那就是"其"。这个"其"你可以理解为其中的一个人，也可以理解为一个人他身上的某些优点和缺点。

孔子讲过一句话，叫"默而识之"，就是默默地看着这个世界，默默地看着这个世界给我们呈现出来的种种知识，同时也默默地看着这个世界上的各色各样的人，把他们的优点、缺点默默地记在心中加以鉴别，然后"择其善者而从之，其不善者而改之"。

好学很重要，善学也很重要。

子曰："天生德于予，桓魋其如予何？"（《论语·述而》）

孔子说啊，"天在我的身上生了仁德，桓魋能够把我怎么样呢？"

说起这个桓魋，他是宋国的司马，司马我们知道，是主持军政的长官，据说他本名叫向魋，因为是宋桓公的后裔，所以又称桓魋。

公元前492年，孔子周游列国，从卫国去陈国的时候，经过宋国，桓魋听到消息就率军阻拦。

这个挺有意思，桓魋为什么要阻拦孔子呢？因为孔子曾经批评过他。据说桓魋让别人给他做一个石头的棺椁，他以为木头的棺椁容易腐烂，石头的棺椁就可以永存了。可是工匠用石头给他做棺椁，那真的是很耗费时日，所以老百姓叫苦连天。

这件事情传到了孔子的耳朵里，孔子就说了一句话，说像他这样追求保持自己的尸体完好，我倒还不如诅咒他，让他死了以后快一点腐烂。孔子说话也是不大好听。你看，谁得罪了普通的老百姓，谁苛刻人民，孔子就对他疾言厉色。

这句话传到了桓魋的耳朵里，所以桓魋就记住了孔子这个人，就恨上了孔子这个人。平常他对孔子没有办法，因为孔子不在宋国。这次孔子周游列国经过宋国，桓魋觉得机会来了，心想你这个老头子曾经骂过我，今天我要给你一点颜色看看。当时孔子正在宋国野外的一棵大树下，和弟子们一起演习周礼的仪式，这也是一种学习。孔子和弟子们即使在行走的路途之中，歇下来的时候，他们也在不断地学习。桓魋就带着一些士兵跑来，把这棵大树给砍倒了，并且扬言要杀掉孔子。当然，他也没有那么大的勇气杀掉孔子，只不过是发泄一下内心的不满而已，给孔子一点颜色看看，吓唬他一下而已。弟子们当然也很紧张，孔子就很尴尬，于是驾车离开。在离开的时候，弟子们有一点害怕，毕竟当时很危险，桓魋这个人是一个流氓，也真的什么事儿都干得出来。所以，弟子们就说，老师啊，咱们快一点，咱们快一点。然后孔子就讲了这一句话："天生德于予，桓魋其如予何？"我是有天命的人，桓魋能够把我怎么样？

孔子说过“五十而知天命”，这个知天命有好几层含义：第一，知道人在世上总有天命；第二，孔子知道自己的天命所在；第三，孔子还知道他担当天命以后，就必须去履行天命；第四，孔子也知道即使他履行天命，天命在他身上也不能实现。但是天命就是：即使不能实现，他也要履行天命。

孔子觉得自己是一个担当了天命之人，所以，他也就觉得上天会保佑他。我们现在人常说的吉人自有天相，也就是这个意思。

我们可以把这一章和第九篇的第五章放到一起来看。

子畏于匡，曰：“文王既没，文不在兹乎？天之将丧斯文也，后死者不得与于斯文也；天之未丧斯文也，匡人其如予何？”（《论语·子罕》）

这一次是在公元前496年，孔子从卫国到陈国去的时候，经过了一个叫匡的地方，这个匡据说是今天河南长垣县的一个地方。在这个地方，孔子被匡人包围了，为什么呢？说起来还真是一个很大的误会。

孔子和他的弟子们驾车从此地经过，当时驾车的人是孔子的学生颜克。颜克曾经到过匡地来打仗，所以他看到匡的城墙有个缺口，就拿着马鞭子，指着这个缺口，对同学们说：“大家看看，我当初就是从这个缺口爬进城里去的。”匡人听到了，心想这个人就是曾经来侵略我们的人，回头再一看，还有一个老者，长得太像阳货了。这个老者当然是孔子了，但他们觉得这个人特别像阳货。阳货也曾经欺负过匡人，所以，这些人把这两个信息合在一起，判定肯定是阳货又来了。孔子跟阳货这个人还真的是纠缠不清。

此时，孔子又吃了阳货的亏了，因为阳货曾经欺负过、暴凌过匡地的人民，匡地的人民现在又误把孔子当成了阳货，所以把他包围了整整五天。匡人会怎么办，会不会想杀了他？这都是未知数。

后来大家弄清情况了，原来这个真的不是阳货，是孔子，大家就把他放了。但是在这之前，情况肯定是非常紧张的，紧张到什么程度呢？紧张到颜回最后赶过来的时候，孔子甚至说了一句，“我以为你已经被他们杀死了”。颜回说，“子在，回何敢死”。

“子畏于匡”，这个“畏”就是被别人拘留、囚禁的意思了。弟子们当时很紧张，可是孔子仍然非常坦荡。他说了这么一番话：“文王既没，文不在兹乎？天之将丧斯文也，后死者不得与于斯文也；天之未丧斯文也，匡人其如予何？”意思是说，“周文王死了以后，人类的文化可不就是寄托在我的身上了吗？如果上天要毁掉这样一种伟大的文化和文明，我也就不可能承继到这种文化和文明；现在，我已经继承了这种文化和文明，可见上天是要让这种文化和文明传承下去，而不会让它毁灭的。上天要让这种文明和文化传承下去，不让它毁灭，那么，它也就会保护我，匡人又能把我怎么样呢？”

孔子一直以传承古代文化自命，他认为这是他的历史使命，是他的人生使命。既然承担了这个使命，承担起这个沉重的责任，他也就有了相应的护佑，有了相应的护身符。这一项伟大的使命，给了他自我肯定："我既是文化的传承者，我就是赋有天命的人。我既是赋有天命的人，那么天就会保护我，不会让我受凡夫俗子的加害。"

上文我提到一句俗语——吉人自有天相，注意，"吉人"不是指一生下来就是吉祥之人，是指担当历史使命的人，一个担当人类责任的人，那么天会帮助他。你觉得这是迷信吗？如果是迷信，我们就不妨迷信一下好了。

有一种迷信让我们不自信，让我们把命运寄托在一个虚无缥缈的东西身上，那才叫真正的迷信。而另外的一种"迷信"，比如说孔子相信天命所在，这实际上不再是迷信，而是一种自信。有了这种自信，他就有了坚持，就有了更大的勇气。

所以，这样的迷信多一点没关系，因为它已经变成了我们一个正当的信念。

爱仁如爱人，求道似求爱

子曰："智者不惑，仁者不忧，勇者不惧。"（《论语·子罕》）

人有义务让自己有所提升。常常有很多人甘于平庸，他们觉得这是我自己的权利。没错，你有权利让自己平庸。但是你是否也有义务让自己变得优秀呢？

孔子讲"智者不惑，仁者不忧，勇者不惧"，因为你只有达到"仁智勇"的境界，成为智者、仁者和勇者，才有可能获得某种人生体验。只有做智者，你才能够不惑；只有做仁者，你才能不忧；只有做勇者，你才能不惧。

但同时，只有做智者，你才能有真正的惑——智者才能意识到真正的问题并试图回答它们；只有做仁者，你才有真正的忧——忧国忧民，忧天之坠，忧地之陷，忧人间陆沉；只有做勇者，你才能够有真正的惧怕——一种对于这个世界上那些美好的东西可能随时被毁灭的惧怕——正是这种惧怕，使一个人成为勇者，勇于捍卫美好的东西，拯救它们于毁灭者之手。

孔子在讲这句话的时候，他并不是在证明一个事实，他是在描摹一种境界。所以，他讲的不是科学，而是信仰；他讲的不是一个事实，而是一种精神。不惑、不忧、不惧，那是一种精神，是一种境界。

要获得这样的境界，是需要个人努力的。

我们看第九篇第三十章，讲的就是人生的努力，只有努力，我们才能不断地攀升，然后站在至高的境界之上。

子曰："可与共学，未可与适道。可与适道，未可与立。可与立，未可与权。"（《论语·子罕》）

孔子说："能够一起学习的人，未必能够一起达到道的境界；能够一起达到道的境界的人，又未必能够一起立身于道中；能够一起立身于道的人，未必能够与他一起灵活地运用道。"

这段话讲得很有意思，听起来总有一点遗憾，也有一丝惋惜。

在我们身边，有很多人走着走着就走丢了。为什么呢？因为总有人和你一起开始，但是在经过漫长的旅途之后，总有人掉队，所以能够达到目标的人不多了，很多人中途退出了，掉队了，消失了，都半途而废了。

能够达到这个目标的人本身不是很多，达到这个目标以后，能否就终生在这个道中立身呢？那又未必。很多人在这个地方待着待着，他不安分，又走了，所以坚持在道中的人，最终也不会有多少，剩下的寥寥无几。

这些寥寥无几的、能够坚持的人，已经非常可贵了，但是还有个更高的境界，那就是"权"。一起学习未必能够一起到达道的境界，一起到达，未必能够一起坚守，能够一起坚守，未必能够一起灵活运用。

在这里，孔子实际上是说了四种层次：一起学习的人，一起学到道的人，一起立身于道的人，一起灵活运用道的人。孔子感叹和惋惜的是每上一层就会淘汰一批人。到了最后，可能只剩孔子一个人了。学识越深，身边的同伴越少。你走得越远，你的同行者就越少。曲高自然和寡，德高自然孤独。这是我们的命运，也是我们的成就。

孔子独处高绝的道德学问之巅，寂寞深深。

这其实也是孔子的一篇自传，孔子还有一篇自传：

吾十有五而志于学，三十而立，四十而不惑，五十而知天命，六十而耳顺，七十而从心所欲，不逾矩。（《论语·为政》）

这是孔子从自身的角度讲的。

而这一章他是从人我对照的角度讲的。在他不断前行的路途之中，不断地有人掉队。正因为不断有人掉队，我们才看出来他已经走了多远，他已经深入了一种孤绝的境界，他已经高处于学问的顶端。

我们来对照一下孔子的这两篇自传，有些用词是一致的 。

比如说“学”，一篇是“吾十有五而志于学”，一篇是“可与共学”；一篇有“三十而立”，一篇就有一个“可与立”。还有一句，看起来好像不一样，但内容是一样的，那就是“从心所欲，不逾矩”和“权”，权者灵活运用而不拘泥，就是从心所欲不逾矩。

这一篇和别人对照着说的自传，让我们更加能够看清楚一个人要一直走下去，才能走得远，而且走得越远，身边的同伴就会越少，这时候你就会感觉到孤独。能不能够忍受这种孤独，甚至到最后享受这种孤独，这就考验我们的胸襟了。

孔子曾经有一天大发感叹：“莫我知也夫！”没有人了解我啊。子贡一听，觉得挺悲凉，就跟老师说：“老师，怎么没有人知道你了，你怎么这么感伤啊？”孔子告诉他说，“其实你错了，我不是感伤，实际上我内心有着一种大欣喜。为什么呢？我不怨天尤人，‘下学而上达，知我者其天乎！’（《论语·宪问》）”

当一个人觉得只有天才能了解他的时候，他不是有一种巨大的成就感吗？他不是已经超凡绝俗了吗？这个时候，他的内心恰恰是一种欣喜，是对自己达到的这样一种境界验证之后的欣喜之情。

对孤独，我们有两种态度。一种是忍受，一种是享受。显然，孔子是享受。

我们再来看看第九篇的最后一章。

“唐棣之华，偏其反而。岂不尔思？室是远而。”子曰：“未之思也，夫何远之有？”（《论语·子罕》）

前面四句是四言诗。“唐棣之华，偏其反而。岂不尔思？室是远而。”这四句古诗，我们把它翻译一下：“唐棣树的花呀，翩翩地摇呀。难道我不想你吗？你住得太远啦。”孔子念着这样的诗，然后自己就说了一句很幽默的话：这还是没有真正地想念啊，如果是真想念，还谈什么遥远不遥远呢？孔子还是挺有幽默感的。

从这几句诗里面可以看到，古人很浪漫、多情，甚至还很深情。而孔子盯着这几句诗，默念着这几句诗，他也很浪漫。

这一段话，孔子的弟子把它记下来了，这显然不是孔子一个人在自言自语，可能是孔子在跟弟子们开玩笑，跟他们讲古诗。

孔子对这样的一种爱情，还是挺有体验的。圣人的心胸，那可真是不可揣度，像大海一样，包容万物，什么东西他都能够体会。

当然，也许孔子彼时并没有这么浪漫的念头，那个时候感觉到的也不是我们讲的男女之间的爱情，他可能只是由此及彼地想到了对知识的追求，对仁德的追求，对道的追求。

“仁远乎哉？我欲仁，斯仁至矣！”（《论语·述而》）仁离我就那么远吗？只要我要仁，那它就来了。爱人那么远吗？只要我真想她，我就去追求了。求爱和求道，爱人和爱仁，道理都是相通的。如果你真爱了，如果你真想追求了，那么，没有什么东西可以难住你。

樊迟问仁

樊迟问仁，子曰："爱人。"问知，子曰："知人。"樊迟未达。子曰："举直错诸枉，能使枉者直。"樊迟退，见子夏，曰："乡也，吾见于夫子而问知，子曰'举直错诸枉，能使枉者直'，何谓也？"子夏曰："富哉言乎！舜有天下，选于众，举皋陶，不仁者远矣。汤有天下，选于众，举伊尹，不仁者远矣。"（《论语·颜渊》）

这一篇比较长，涉及孔子的一个弟子樊迟。樊迟问了两个问题，一个是仁，一个是智（"知"是"智"的古体字）。

樊迟问：什么是仁？孔子回答了两个字，"爱人"。问什么是智？孔子的回答也是两个字，"知人"。樊迟没有透彻地理解。然后孔子就补充说："推举工直的人安置在邪恶的人之上，这样就能够使邪恶的人转化为正直的人。"樊迟退出来，见到子夏，说："刚才我见到老师，问老师什么是仁是智，老师说，'选取正直的人，安排在邪恶的人之上，这样就能够使邪恶的人转化为正直的人了'。这话是什么意思呀？"子夏一听，就说："多么丰富深刻的话呀！舜有了天下，在众人中选拔人才，推举了皋陶，不仁的人就少了。汤有了天下，在众人中选拔人才，推举了伊尹，不仁的人也就少了。"

我们现在来稍微详细地解释一下。《论语》里面樊迟问仁总共有三次，这是很有意思的一件事儿。有意思在哪里呢？第一，这说明樊迟这个人确实有一点笨，问仁问了三次。第二，问了三次，孔子都回答，说明了两个方面的问题。一个方面，可能是孔子记性不好。你也可以说这是孔子诲人不倦。另一方面，我们前面讲过了，某某问知，某某问政，某某问孝等，我们说这个都不大好翻译。为什么呢？因为问政、问孝、问仁，它实际上可以有多种不同的角度。有可能问仁的定义，有可能问仁的内涵、问仁的外延、问仁的功能、问实行仁德的方法、问通向仁德的路径，这些都是不同的问法。比如说，颜渊问仁，孔子就回答他“克己复礼为仁”。颜渊说：“请问其目？”他想请孔子告诉他仁具体的实行的条目。这就是不同的问法了。所以，樊迟几次问仁，有可能是第一次问，老师，这个仁是什么定义呀？第二次问的是，这个仁它怎么样去实现呢？第三次问的是，像我这种人怎么去实行仁德。所以，樊迟问仁，这是一个含混的说法。但不管怎么说，樊迟问仁问了三次，孔子三次的回答都是不一样的。

《论语》里面，孔子回答学生的问题，不是我们今天的知识性的答复，不是本体性的答复，而是功能性的答复。

孔子对樊迟问仁的回答是“爱人”，这个现在有一个成语，叫“仁者爱人”，就是从这个地方来的。这可以说是对仁的一个最经典的回答，也是一个最标准的回答，一切的关于仁的内涵、外延、功能等，都可以从这两个字里面引申开来。

问完仁以后，樊迟又问：“老师，什么叫智慧？”这是两个不同的范畴，我之前讲到了会问就是一种学问。这个问题就很专业，这个专业性体现在它的逻辑上的不同的层面。仁指的是一个人的德行，而智指的是一个人的智慧。仁是伦理学的范畴，智是认识论的范畴，两个是不一样的。所以，这两个问法很好。

孔子对智的回答也是两个字，叫“知人”。知人就叫智，对人的了解就叫作智。

今天有人说，我有知识，我能够在考试考 100 分，那还不叫智。智慧也一定是有判断力的，这个知人就是对人的判断力。

这里，我要说明一下，仁者爱人和智者知人，从某种意义上讲还不是最高的境界，最高的境界是“智者自知，仁者自爱”，这是颜回说的话。孔子回答的境界是不是还没有颜回高呢？显然不是。因为孔子是对樊迟说的，他只能说一个樊迟能够理解的境界。你对一个在山脚下的人说，一步跨到山顶上来，那是不可能的，你只能告诉他，抬起脚先上一个台阶，然后一步一步才能走到山顶。所以，孔子回答樊迟仁是“爱人”，智是“知人”。

但是，樊迟听完了以后，还没搞明白。他可能是这么想的：知人就是对人有所鉴别了，那既然有所鉴别，那就一定是有所爱憎。有所爱憎，不能够仅仅是爱人，可能还要憎人。这和前面问仁所得有矛盾了。孔子见他思想上阻塞不通，便把自己的话说得再通俗一些，给他举了一个例子。“举直错诸枉”，这样的说法为什么能够解释仁和智这两个问题呢？因为举直就是智，为什么呢？因为你能够知道谁是正直的人嘛！你能够对人做判断，这不就是智吗？同时也是仁。你把正直的人推荐出来，不就是爱他吗？同时，你把正直的人推荐出来，让他来做官，让他来带领人民，这也是爱民。下面还有一句，“能使枉者直”，就更是仁了，爱正直的人就是去推举他，爱不正直的人，那就是去改正他。把不正直的人改变为正直的人，这不是更深、更广的爱吗？这叫博爱，博爱不能够是有选择的爱，应该是无选择的爱，甚至对那些不正直的人，你也得爱。对不正直的人的爱，就是能够改变他的不正直，使他变得正直。所以，孔子讲的“举直错诸枉”，一句话里面包含着仁和智这两种内涵。

可是，樊迟仍然是似通未通，于是，他出来又请教子夏。从这儿可以看出来，子夏要比樊迟聪明得多。子夏一听，说：“老师讲的这个话内涵太丰富了。”然后，子夏就跟樊迟举例子。虞舜和商汤能在人群里面识举皋陶和伊尹，这就是智，因为他知道哪些人是好人，可以把这些人选拔出来。同时，这也是仁，因为他们用皋陶和伊尹做榜样，使不正直的人都变成了正直的人。他们没有用刑律，没有用杀戮的手段，不是用惩罚，而是用引导，最终天下大治，这不就是仁吗？

这一节是师徒三人的对话。学生求道求知，很热情，老师诲人不倦，精神很执着。把孔门师徒在学问上的切磋琢磨表现得很充分。

说到这儿，我还得要说一下，有好多人老是觉得孔子讲学就是给人一个答案、给人一个结论，但是孔子并不反对人们去思考、去反思、去质疑这样的答案和结论。

比如这一章，孔子先说得简约而又概括。樊迟不明白，他便说得具体而又细微。樊迟仍然不明白，去请教同学子夏。子夏再举例说明。为了让樊迟明白，师长们三降其词，诲人不倦、不厌其烦的精神是颇感人的。而樊迟一问老师，再问老师，三问同门，也是务求明白才罢休，这种求学的热情也值得学习。樊迟固然不聪明，但是，樊迟最终也是有所成就的，靠的就是他的努力。他悟性虽然不高，但是很执着，他不放弃，不得过且过，不浅尝辄止，不不求甚解，他务求明白通达，所以最终他也就真的明白和通达了。

下面，我们看看第十二篇的二十四章。

曾子曰："君子以文会友，以友辅仁。"（《论语·颜渊》）

多好的话呀，"以文会友，以友辅仁"，这实际上都是成语了。曾子说："君子以文章、学问来聚集和结交朋友，又用朋友的切磋交流来培养仁德。"朋友是用文章学问召集来的，召集来了大家一起提升学问，提升品德。

这个地方讲了交友的方式，以及交友的功能。用什么样的方式交的便是什么样的朋友。交的什么样的朋友，对自身便起什么样的作用。凭借文章学问交来的朋友，那一定是学道求方的朋友、坚贞的朋友，这样的朋友会帮助我们进步。以利益相交的朋友呢，那就一定是势利之徒，一旦失势，就会树倒猢狲散，甚至有人会落井下石、卖友求荣。朋友是有不同境界的，是有不同的交往方式的。势利的人不能交，酒肉朋友也不必交；要交的就一定是学道求方的朋友，一起做事的朋友。

用孔子的话来说，"必也狂狷乎"，狂者可以做朋友，因为狂者有进取心，我们可以跟他一起做事。还有一种朋友可以交，那就是狷者。因为狷者有所不为，跟着他我们不会做坏事。所以，交一个狂者朋友，我们跟他一起做好事，一起做大事，一起成就一番事业；和狷者交朋友，我们可以跟他一起学会拒绝做坏事，不做错事，不损害自己的德行。

交友之道就是成功之道，交友不当，那也就是致祸之道。

第五讲

乐而好学

《诗经》守护者

子曰："《诗》三百，一言以蔽之，曰：思无邪。"（《论语·为政》）

孔子说："《诗经》三百篇，可以用一句话来概括，就是：思想纯正，没有邪念。"这是孔子对《诗经》的一个整体概括。

我们现代人在注《论语》的时候，一般在"诗"这个字上会加上一个书名号，表明它是一本书。大家就觉得有意思了，为什么"诗"这个单独的字是一本书呢？我们现在不是叫《诗经》吗？这里我们要讲一讲它名字的由来了。

实际上《诗经》本来就叫《诗》，到了汉朝汉武帝的时候，《诗经》和其他的五本书（《书》《易》《礼》《乐》《春秋》）一同被列为经典。

为什么要加上一个"经"字呢？"经者，常也"，世间的常道就叫作经。古人织布，竖线就叫经，横线就叫作纬。我们现在讲地球的经度和纬度也是这样。这个"经"就表示是万事万物的纲，是这个世界上所有的事情的事理所在。在汉朝的时候，这几本书被认为代表着人间的常道，《诗》是其中之一，所以就称之为《诗经》了。

为什么叫"诗"？我们今天讲"诗"就是一种文体，可是最初命名的时候，它倒不是用来命名一种文体的，它指的是一种表达方式。

“诗者，志之所之也。”我们知道有句话，叫“诗言志”，所以诗跟一个人的“志”有关。这个“志”的意思不仅仅是我们今天所理解的一个人的志向，它实际上还包括人的情绪、情感、意志、理想，包括他对这个世界的一些看法和个人的世界观，整体而言，这些在古人那里叫作志。所以，“诗者，志之所之也”。“诗言志”，指我们用“诗”这种形式来表达我们的情绪也可以，表达我们的情感也可以，表达我们的道德情操也很好，表达我们的志向、意志，表达我们对这个世界的某些问题的看法，都是可以的，这就叫诗。

有人会说，文章不可以言志吗？文章当然也可以。但是，文章和诗歌在古人那里还是有所区别的。我们现在觉得押韵的就叫诗，分行的就叫诗。可是古人对诗歌可能不分行，但是它的句式比较整齐，也讲究押韵，还要配乐歌唱，这就叫诗。

诗和文之间，在古代还有一个分别，叫“诗以言志”，“文以载道”。你看，文章主要是要表达某种公共的价值观的，而诗歌往往表达的是一个人的思想情怀。

我们说写一篇论文，是要表达一个客观的真理，但是如果我们要表达一些个人的情怀、情感，往往会用诗歌来表达。这是两者之间的一个区别。

我们再看，在《诗》的后面，孔子又加上一个“三百”，为什么加上“三百”？在《论语》里面讲到《诗经》的时候，还有一个说法叫“三百篇”。因为在今天保存下来的《诗经》中，有题目同时有内容的有305篇，还有6首只有题目，但内容已经没有了，我们把它也计算在内，共计 311 篇。于是，我们取其约数，就称之为“《诗》三百”，或者就把它称作“三百篇”。

“三百篇”的内容很多了，孔子在这个地方给它做一个整体性的评价，“一言以蔽之”，叫“思无邪”，意思是《诗经》的思想很纯正。

在《论语》里面，《诗经》已经是第二次出现了，《诗经》第一次出现在《论语》的第一章，孔子和他的弟子子贡有一次在讨论问题的时候，子贡提到了《诗经》中的几句话：“如切如磋，如琢如磨。”可见，孔子的弟子对《诗经》是很熟悉的。

在孔子的教育里面，《诗经》是必读书。孔子教自己儿子的时候，告诉他，一定要读《诗经》，“不读《诗》，无以言”（《论语·季氏》）。孔子教他的弟子的时候，说：“小子何莫学夫《诗》?”因为《诗经》可以让你拥有多种素质，“《诗》可以兴，可以观，可以群，可以怨”（《论语·阳货》）。在孔子的教育里面，《诗经》实际上是他们的教材了，是必修课。

孔子为什么如此重视《诗经》呢？我们简单地交代一下。

孔子跟《诗经》有着非常密切的关系。这种关系我们可以从三个方面来说。

第一个方面，古代有一种说法，叫“删诗说”。这是司马迁提出来的。司马迁在《史记·孔子世家》里面，认为古代的诗歌经过历代流传，保存下来的诗歌原始材料有 3 000 多篇，我们今天所看到的《诗经》收诗的时间跨度有 500 多年，从西周初年一直到孔子之前的春秋中叶。空间的跨度，几乎包括中国的整个北方，还包括南方的汉水等这样的一些区域。在这么辽阔的空间和这么一个漫长的时间里面，历代的史官们确实收集了很多的诗歌，司马迁说有3 000多篇，这个数字虽然不一定准确，但是它保存的数量众多应该是可信的。

这么多的诗歌，为什么到今天我们看到的只有305首了呢？司马迁就认为，这个删《诗》的工作是由孔子做的，孔子把3 000多首诗去掉其中重复的，去掉其中残缺的，去掉其中内容不纯正的，保存下来的就是这300多首了。这当然是司马迁的说法。

不过，也有很多的学者不这么看，因为根据现有的一些历史记录，我们已经发现，在孔子之前，《诗经》实际上已经编撰成书。但是，司马迁的“孔子删诗说”还是有一定道理的。因为孔子确确实实对《诗经》的整理做出了自己的贡献。这里我们就要讲到孔子和《诗经》的第二层的关系，叫理诗。

虽然他未必删过诗，但是他理诗了。什么叫理诗呢？就是孔子把《诗经》进行了重新的整理，他重新编排了《风》《雅》《颂》的顺序。按照欧阳修的说法，孔子甚至做了“或篇删其章，或章删其句，或句删其字”（欧阳修《诗本义》），就是在每一篇里面他对很多的章节进行了整理，在每一章里面他对句子进行了整理，甚至在句子里面还对个别的字进行了整理。这真的是一项非常浩大的工程。你要知道，古人的书不是写在纸张上的，是写在竹简上的。

除此之外，我们说孔子对《诗经》还做了第三个工作，叫正乐。我们今天看到的《诗经》是诗歌，实际上《诗经》在最初它并不是我们今天所理解的那个诗歌，它是歌词，是配乐的。我们今天读《诗经》只能朗诵，但是在孔子的时代，《诗经》不仅可读，还可演奏，还可歌唱，甚至还可以随着演奏或歌唱而舞蹈，可读、可演、可歌、可舞。孔子在进行《诗经》整理的时候，他除了整理篇章，整理文字，编订《风》《雅》《颂》的顺序，还对《诗经》的音乐进行了整理。

司马迁有一句话说得很有诗意："三百五篇，孔子皆弦歌之。"孔子用一架古琴，能把《诗经》305 首从头弹到最后。这真的是很了不起。

孔子不仅是一个大教育家、大政治家、大思想家、大文学家，他还是一个大音乐家。只有具备这些才能，他才能够对《诗经》做这方面的杰出的工作。

孔子为什么如此重视《诗经》，对它进行整理，然后又把它用作教材，因为孔子认为《诗经》是教化的工具，《诗经》可以作为一个人的人文教育读本，提高其人文素养。他跟弟子们说，读完《诗经》以后，可以让一个人兴观群怨，让你有情怀，有判断力，有责任感，还有独立思考的能力。《诗经》就是这样的一种能够提高一个人的基本能力的教材。

同时，在孔子看来，《诗经》实际上不仅仅是我们今天所认为的文学作品，它还是先王所留下来的教导，是先王之道的表现，所以读《诗经》可以了解先王的理想。

世界上，许多民族的教化主要靠宗教，中华民族主要靠文教。宗教是用神的方式来对人进行教化，文教是用先王之道来对人进行教化。我们崇拜的不是上帝，不是神，我们崇拜的是我们的祖先，是我们的先王，我们也是按照先王的教导来做人。《诗经》就是先王留下来的教导，读《诗经》就是在读先王对我们的教诲。

所以，拿《诗经》来教化国民，就会让国民拥有一种崇高的品行。这种施教可以让一个民族温柔敦厚。这就是《诗经》对一个民族的气质的熏陶作用。

还要说一句，因为孔子给《诗经》做出了这么一句“思无邪”的评价，孔子实际上成了《诗经》的保护神。

为什么我要这么说？因为《诗经》里面有很多批判、揭露、讽刺统治者腐朽残暴的诗篇，也有很多为下层的平民鸣不平的诗篇。《诗经》里面还有很多描写男女爱情的诗篇，有的诗还描写得非常大胆。要知道中国古代是有禁书传统的，统治者如果发现古代的典籍对他不利的地方，他往往会对这样的书进行封禁，不让你读了，或者进行删节。所以，我们看《诗经》揭露统治者的腐朽残暴的篇章往往非常的尖锐。这一点既不符合后来统治者的意愿，大量的爱情诗歌也不符合后来的理学家的想法。但是因为孔子给了一句“思无邪”的评价，所以历代的统治者也好，后来的道学家也好，对《诗经》虽然不免心中会有不满，但是他们也不敢乱说什么，对《诗经》绝不敢封禁或者删改。

朱元璋是对《孟子》下过手的，但就是不敢对《诗经》下手。为什么？因为《诗经》的扉页上盖着孔子批上的三个大字“思无邪”，下面的署名是孔丘。这一下历代的帝王再也不敢对《诗经》说三道四了。

所以，我们说孔子不仅是《诗经》的整理者，他还是《诗经》的传承者，更是《诗经》的保护神。

智 之 端

子曰："吾十有五而志于学，三十而立，四十而不惑，五十而知天命，六十而耳顺，七十而从心所欲，不逾矩。"（《论语·为政》）

我们讲一下"四十而不惑"。什么叫"不惑"？有很多人认为，孔子到了"四十而不惑"，因为孔子是一个圣人，他有很多的知识，他能够回答当时人们的很多疑惑。孔子作为一个伟大的圣人，就是给我们的人生传道、授业、解惑的，这是他的大责任。但问题在于，他解的是什么样的惑，难道孔子是给我们回答一些知识性的问题吗？

孔子在生前，就已经被称作圣人了。人们之所以把他称作圣人，很大程度上是因为他能回答当时很多人都搞不明白的稀奇古怪的问题，解释这个世界上一些稀奇古怪的事物，解释这个世界上所出现的一些稀奇古怪的现象。

我举一个例子。有一次，吴国去攻打越国，占领越国都城以后，吴国把会稽城城墙给拆了。在拆城墙的时候发现了一块巨大的动物的骨头。他们觉得奇怪，在当时，人们从来没有看到过这么大的一块骨头。我们今天猜想，有可能就是古代的恐龙化石了。但是那个时候，人们当然认识不到这一点，所以，他们就觉得很疑惑，很奇怪，不可思议。

可是他们却一点也不紧张，因为他们觉得他们很幸福地和孔子生活在同一个时代，要解决搞不明白的问题，很简单，找孔子去问就行了。就像我们今天，很多搞不明白的东西上网去找答案。孔子可以说是那个时代人们心中的网络。他们总觉得，一旦人们有了不明白的问题，找到孔子，一定会有一个满意的答案。

所以，吴国的国君就派使者千里迢迢地跑到鲁国。吴国主要在今天的苏南地区，鲁国主要在今天的山东省。我这里讲千里迢迢，可能稍微有一点点的夸张。但是，我们可以想象一下，在交通很不发达的古代，一个使者从吴国跑到鲁国来问一个问题，代价有多大。同时我们也可以想一想，当一个使者从吴国来到鲁国，出现在孔子门前，问他这样那样的问题的时候，孔子的压力有多大。所以，我老是想，孔子活得真不容易，因为他不知道每天早晨开门以后，会在门口看到一个不知道从哪个国家跑来的人，来问一个稀奇古怪的问题。能回答出来当然好，回答不出来，这个人就白跑一趟了。但是这次，吴国的使者把问题带给孔子，孔子真的回答出来了。

孔子说，以前大禹王曾经召集诸神开大会，其中有一个神叫防风氏，他迟到了，大禹王为了惩罚防风氏，就把他给杀了。这个防风氏的骨头很大，很长，很粗。孔子说那块骨头是防风氏的骨头。

吴国的使者既然那么老远跑来，当然也不会就只带了一个问题，他接下来又问了好几个相关的问题，孔子都一一给了他满意的答案。

吴国的使者太佩服孔子了，当时就感叹说，真是一个圣人！

类似这样的问题，孔子还真的是不断地碰到。

孔子所在的鲁国也有这样的情况。有一次，鲁国的执政大臣季桓子，请人给自己家挖井，在挖井的时候挖出一个土罐子，罐子里面竟然有一个古怪的动物，像羊一样。他们觉得很奇怪，什么东西埋在土里面，竟然能够存活。

季桓子就派人去找孔子。这个季桓子还挺有意思，他派人去问孔子的时候，跟这个人交代说："你见到了孔先生，不要告诉他我们这个罐子里面是一个像羊一样的东西，你就告诉他，这是一个像狗一样的东西，看看孔先生到底怎么回答。"季桓子还挺"坏"的，当然，他可能也是想看一看孔子到底有多么的了不起，他的知识到底有多么的广博。

于是，这个使者就到了孔子那里，跟孔子说："先生，我们家主人请人挖井，在土里面挖出一只罐子，罐子里面有一个像狗一样的东西，这是什么东西啊？"孔子皱着眉头说："哦，如果是一个像羊一样的东西是可以理解的，是一个像狗一样的东西，那就说不清楚了。"

你看，骗孔子是骗不了的。孔子知道，在土里挖出来的一定是一个像羊一样的动物。孔子说，"这种羊叫羵羊"。

我们说孔子真的是很了不起，这些古怪的问题他都能回答出来。以至于我的一个学生，傻傻地跑来跟我说："老师，孔子好厉害，他怎么什么都知道啊？"我觉得奇怪，盯着这个学生说："谁告诉你孔子什么都知道呢？"学生说："老师，《孔子世家》里面不是写到了，很多人问他古怪的问题，他都回答出来了，《孔子家语》

里面也有类似的记载，别人问他问题他都回答出来了。”我说：“你会不会读书啊？司马迁也好、王肃也好，记载孔子能回答出别人稀奇古怪问题的例子，只是要说明孔子很博学，而不是要证明他什么都懂。一个人怎么可能回答出这个世界上所有的知识性的问题呢？”我的学生又说了：“为什么司马迁在《史记》里面，王肃在《孔子家语》上面记载的别人问的问题，孔子都回答出来了？”我就跟这个学生说：“很简单，孔子回答出来的，司马迁和王肃就记下来了，孔子没有回答出来的，司马迁和王肃就不记了。”学生就说：“难道司马迁和王肃是有选择地记事吗？”

我们说他当然是有选择地记事，但这不是造假。孔子已经回答出来的问题就足以证明孔子比当时所有的人都博学，这就可以了。司马迁并不是要说明孔子什么都知道，他只是要说明孔子知道的比一般人多。

讲到这里，我要跟大家说，孔子虽然很博学，但是从知识的角度来说，没有任何一个人可以回答出这个世界上所有的知识性的问题。

就像庄子曾经讲过的：“吾生也有涯，而知也无涯。以有涯随无涯，殆已！”大意是我们的生命是有限的，而这个世界的知识是无限的，用有限的生命去追求无限的知识，是不可能的。

所以，孔子并不能够回答所有的问题。司马迁之所以这么记，是因为司马迁要证明孔子博学，并且自己很佩服孔子。

但也有例外，道家的人物就不大佩服孔子，他们佩服的是老子。

道家就记载了孔子回答不出问题的一个例子。在《列子》里面有一篇文章，记载了两小儿辩日的故事。

两个小朋友在辩论。一个小朋友说，太阳是早晨离我们近；一个小朋友说，不，错了，太阳应该是中午离我们近。并且他们都有自己的理由。说太阳早晨离我们近的那个小朋友说，近处的事物显得更大一些，早晨的太阳看起来大一点，因此，太阳应该早晨离我们近。可是，说太阳中午离我们近的孩子也有他的理由。他说，你看，我们靠近一个热的物体，就会感到它很热，我们如果离它远一点，感觉到它的热度就减轻了。早晨的太阳没有中午的热，可见中午的太阳离我们比早晨的太阳近。

两个孩子正好碰见孔子了。两个孩子一见孔子就说："孔先生，你是一个博学的人，你来告诉我们，到底是太阳早晨离我们近，还是中午离我们近?"

《列子》上面的这篇文章是这样写的："孔子不能决也。"孔子没办法做出一个选择。

很有意思的是，这篇文章的作者借这两个小孩子的口来嘲笑孔子说："孰为汝多知乎?"作者的想法很简单：假如我们证明了孔子不能够回答所有的问题，或者说我们找出一个知识性的问题孔子不能回答，我们也就否定了孔子的伟大。

这种逻辑合理吗？显然决定孔子伟大的并不是他能回答所有的知识性的问题。孔子讲自己四十不惑，不是指他能够回答"掘井得羊"这样的事，孔子的惑也不是因为他不能够回答太阳远近的问题，惑和不惑跟知识性的问题无关，跟价值判断的问题有关。孔子之所以伟大，是因为他在价值判断上比我们更加高明。如果我们要跟孔子比知识，我们今天大部分人，甚至初中毕业以上的学生，他的知识的总量都有可能超过孔子了，但是我们能说我们比孔子厉害吗？我们能说我们在人生中就没有迷惑了吗？显然不能。

孔子之所以伟大，并不是因为他比我们知识多，而是因为他有另外的高度，这个高度就是他能够判断是非和善恶。孔子讲的他四十不惑的“惑”，也就是他面对世界上的是非和善恶时，能够做出一个正当的判断和选择。这就是孟子讲的“是非之心，智之端也”，判断是非才叫智慧；判断事实，只能说明你有知识，有好的记忆力而已。

跨越历史的文化传承

子曰："夏礼吾能言之，杞不足征也。殷礼吾能言之，宋不足征也。文献不足故也。足，则吾能征之矣。"（《论语・八佾》）

一次在跟学生说到有关夏商周三代礼的问题的时候，孔子作了如上表述。

孔子说，"夏朝的礼我是能够谈一谈的，但是我不能够谈得很多，因为它的后代杞国不足以提供充足的证据。殷朝的礼，我也是能够谈一谈的，但同样不能够谈得很充分，因为它的后代宋国也不能够给我提供丰富的证据。这是因为杞宋两国的历史资料和贤人都不足。如果他们的后代能够保留足够的典籍，他们的后代能够出更多的贤达之人，那我也就可以拿来作证了，就可以向他们去讨教了"。

孔子的话语中饱含了一种深深的遗憾。

我们先来解释一下几个词。

第一，夏朝，我们不用多说了，夏朝被商灭了，后代的夏，或者说夏的后代，就是杞，杞人忧天的"杞"就是这个"杞"了。在周武王的时候，周武王、周公分封天下，以一家血脉涵盖天下，封七十一国，其中五十三国都是姬姓的，那么还有十几个国是谁呢？主要是功臣，还有古代的望族。为什么要封古代的望族呢？这就是孔子所讲的叫“兴灭国，继绝世”，这是体现周朝的大功德的事情。这个“灭国”和“绝世”，就包括夏和商的后代。夏的后代就封在杞，杞在今天河南杞县。杞国一直都是弱小的国家，常常依赖别国的力量来延长国命，所以屡经迁移。一开始在开封市，后来也换了一些不同的地方。

杞人忧天这个词，我们现在把它当成一个笑话，好像是这个人很愚蠢，担心天会塌下来。我倒觉得这恰恰体现出一个伟大而文明的部落，它所保存下来的一个伟大的传统。夏人毕竟是做过天子的，这样的一个部落里面总有一些人，关心着一些形而上的问题。越是一般的、平庸的人，他越是只关心吃喝拉撒，一个人能够忧天，这真的是一个非常值得我们敬重的行为。我们不要去笑话这种人，这种人智商比我们高，这种人关心的东西也比我们高，只有这种人才有可能成为思想家。

还有一个词是“宋”，指的是宋国。周在灭商之后，给商的贵族们也同样分封了一个国，这就是宋国。所以，宋是商的后代，杞是夏的后代。

还有个词叫“文献”。我们现在讲的文献，就是古代流传下来的文章典籍。可是在以前，文献是两个词，“文”指的是文集典章，“献”指的是一种人，而且是指贤达之人。所以，这个地方“文献不足故也”，不仅仅是文献资料不足，同时是指这两个曾经伟大的朝代，在它们国家灭亡之后，到了孔子的时代，也没有更多的贤达之人了。孔子在这个地方是有感叹的意思在里面的：国家可以灭亡，没想到，文化也会断代。

我们读这一章文字，不仅要看到字面上孔子所表达的一种感叹：夏代的礼和商代的礼，我们今天都所知不多，文献有缺。这只是字面上的意思。还有第二层意思是，孔子感叹曾经的文化经过漫长的历史很多已经都湮没无闻了。

还有第三层感叹，就是随着一种伟大的文化传统的中断，文化因此不能够滋养人才，文化也不能够再培养出一代又一代的贤达之人。

因此，国家灭亡，文化传统消失，人才也就再也不能够被培养出来，有这样三层感叹的意思在这里面。

我们接着来看第三篇的第十章。

子曰："禘自既灌而往者，吾不欲观之矣。"（《论语·八佾》）

孔子说："禘祭的礼在用酒灌地之后，我就不想再看下去了。"

这一章和下面的第十一章都在讲禘祭。

第三篇第十一章是这样说的：

或问禘之说，子曰："不知也。知其说者之于天下也，其如示诸斯乎！"指其掌。（《论语·八佾》）

有人向孔子请教禘祭是什么意思。孔子说："我不知道，如果有知道禘祭道理的人，那么他对天下大事的了解大概就像看自己的手掌一样容易吧。”孔子一面说，一面就指着自己的手掌。

这两章讲的禘祭是什么意思呢？我们先解释一下。

“禘”，指的是一种古代只有天子才可以举行的祭祀祖先的隆重的典礼。那为什么孔子要批评鲁国的诸侯也举办这样的典礼呢？那是因为曾经有过一个特例，周公旦，也就是鲁国的第一个始封君，因为他对周朝有很大的功勋，所以他的侄子周成王就特许他也可以举行禘礼。

我们知道以前祭祀祖先必须是长子、长孙这样的“大宗”才可以主持祭祀典礼，周公旦在家里不是长子，他的侄子成王特许他可以举行禘祭，可见他真的是功勋卓著。

但是，周公旦这么做了以后，鲁国历代的诸侯也就跟着做了。孔子认为，这个特权只是周成王特许给周公一个人的，这个特权也就应该及其身而止，周公死后，周公的后代，作为姬姓的“小宗”（周天子为大宗，所有的诸侯都是小宗）再没有权利来举行禘祭，也就是说禘祭的权利是不可以世袭的。但是，鲁国后来的国君也就假装糊涂，把这个特许的禘祭一直继承下来了，以显示他们在诸侯之中有特殊的地位。

所以，孔子觉得，只有周公举行的那次禘祭是合法合礼的，周公去世以后，他的子孙举行的禘祭都是不合法、不合礼的。孔子说得很委婉，说自己也就不想再看下去了。

所以，在第三篇第十一章里面，有人问禘之说，孔子说：“不知也。”你看，孔子第一次说，“吾不欲观”，第二次说“不知也”，这都是委婉的说法。但是，话说得虽然委婉，意思却都很明确，也就是说这个禘祭的特权真的不可以就这样传承下去。鲁国国君所举行的禘祭之礼都是不合礼数的。

现在我来解释一下第三篇第十章中“禘自既灌而往者”的这个“灌”是什么意思。它指的是礼的一个程序，古代祭祀祖先，一般都是要用一个活人坐在灵位前，象征受祭者。记住，古代祭祀不像我们今天是跑到坟墓前去祭的，而是在家里面祭牌位的。在牌位前面祭的时候，要用一个活人坐在前面来代表受祭的祖先。这个坐在死人的灵位前代表死人来受祭的这个人就叫作“尸”。然后，把一种香草煮成一种气味芬芳的水酒，把这个水酒端到这个“尸”的前面，让他闻一闻这个香气，再把酒倒在地上。这个过程就叫作“灌”。听起来是不是有一点复杂？古代的很多礼仪很繁琐，我们不需要了解得那么清楚，我们只要记住礼的本质就可以了，礼的本质就是自卑而尊人。把自己放低一点，把别人放高一点，就是对人的尊重。把活人放低一点，把死人（尤其是祖先）放高一点，这是对鬼神的尊重。然后，按照礼的方式去做事。礼是一种传承文明的方式。对我们今天而言，我们要继承的不是他们当初的具体的做法，我们要继承的是他们的那种对待文明的精神和对他人、对不可知事物的敬畏和恭敬的态度。

博我以文，约之以礼

子曰："君子博学于文，约之以礼，亦可以弗畔矣夫。"（《论语·雍也》）

孔子说："君子广泛地学习文献，并且用礼来约束自己，也就可以不至于背离正道了吧。"

这是《论语》第六篇第二十七章的内容。我们看这一句话里面，有几个关键词，一个是"博"，一个是"约"，这一对词正好是反义词对称；后面还有一个"畔"，还有个"文"和一个"礼"。把这几个关键词抓住，这一章我们就可以很好地理解了。

"博学于文，约之以礼"，我们觉得君子当然需要博学，但是博学还真的不是最重要的。因为一个人知识丰富、知识广博，还并不一定就有所成就，也不一定会有所创建。

在今天这样的时代，博学的人，所谓百科全书式的人，他的重要性已经大大地降低了，因为我们随时都可以翻检相关的工具书，随时可以上网查询。一台电脑，哪怕一部手机，它储存的知识都已经超过我们的大脑了。所以，当我们的大脑里面仅仅储存一些死的静态的知识的话，还真的不是很重要了。

这一点已经被孔子意识到了，"亦可以弗畔矣夫"，意思就是说如果用礼来约束自己就可以不至于背离正道了。显然孔子的重点是在讲这个"约"字。"多"有时候不重要，关键就在于能不能够

“约”。“多”不一定管用，“少”常常直达本质。宋代宗杲《大慧普觉禅师语录》：“譬如人载一车兵器，弄了一件，又取出一件来弄，便不是杀人手段。我则只有寸铁，便可杀人。”罗大经《鹤林玉露》卷七：“盖自我儒言之，若子贡之多闻，弄一车兵器者也；曾子之守约，寸铁杀人者也。”

人生最怕什么？有两点：第一，读书怕文无止泊，立身怕收拾不住。“博”是多的意思，“约”是收拾、收束。学习知识要点，是收束，是梳理，是整理，是给它一个系统，给它一个逻辑。而对自己的人生来说，我们能不能够很好地收拾自己的内心，让它收束起来，而不至于放荡，这才重要。

上文罗大经提到“若子贡之多闻，弄一车兵器者也”的比喻，我们看看下一章：

子曰：“赐也，女以予为多学而识之者与？”对曰：“然，非与？”曰：“非也！予一以贯之。”（《论语·卫灵公》）

孔子曾经问过子贡是不是认为自己是“多学而识之”，子贡回答说，难道不是吗？孔子说：“非也，我是有一个东西把它们贯彻始终的。”

这一句话是什么意思呢？孔子是说学了很多知识又都记住，不重要，这个并不是我达到今天这样的境界的一个关键。能让我达到今天这样的境界，关键不是那个“多”，而是那个“一”。“多学而识之”这个“多”不重要，而“一以贯之”的“一”才重要。“博学”就是“多”，“约”就是那个“一”。

这个“弗畔”的“畔”，我们可以怎么理解呢？我觉得理解这个“畔”，可以来看另外的一个故事。孔子的一个学生子路曾经问过孔子一个很敏感的问题：“君子亦有穷乎？”（君子也会走投无路吗？）孔子的回答是：“君子固穷。”为什么呀？因为君子正道直行，而这个世界上更多的不是正道，是邪道，那一个正道直行的人肯定经常会走到走不通的地方，这就叫“穷”。

但是，孔子下面又讲了一句话，“小人穷斯滥矣”，小人一旦到走不通的地方，他就会没有约束，他就会无所不为了。这个“滥”，你看这个字形，是“监”字加上一个三点水，意思就是水溢出了它所在的那个容器，这就叫“滥”。我们现在讲河水泛滥也是这个意思。河水在正常的情况下应该在河床中流动，它有方向，有规矩，有约束。所以，它会对人类有利，而不会有害，它可以灌溉，也可以运输。但是，一旦泛滥，越过河堤，水向四方流动，就会变成一场灾难，不仅没有了方向，还会成为他人的灾难。

我们可以用“滥”来解释这一个“畔”。“亦可以弗畔矣夫”，实际上也就是“亦可以弗滥矣夫”。君子有广博的学识就相当于河里面有很多的水，约之以礼，就相当于有两道坚固的堤岸，让那么多的水顺着一条正当的路径行走，所以充沛的河水是有利的，可以灌溉，可以运输。

讲到这里，我再重复一下，知识真的不是最重要的，重要的是你有没有一个约束自己的价值观。孔子在这地方讲的是礼，礼就是规矩，就是价值观。

我们说，你在知识里，并不表明你在真理里。一个人有很多知识，并不说明他是有价值的，说不定还是有害的。就像一条河，它里面有很多水，并不一定能证明这条河就是有益的，它有时候是有害的。关键是这条河有没有堤岸，作为一个人有没有礼仪。河的可贵在于有两岸，人的可贵也在于有“两岸”，人的两岸就是两个字，一个叫“礼”，一个叫“义”。

讲到这里，我们看第九篇第十一章，我们把这两章放到一起来看。这一章记的是颜回的一句深深的叹息。

颜渊喟然叹曰：“仰之弥高，钻之弥坚。瞻之在前，忽焉在后。夫子循循然善诱人，博我以文，约我以礼，欲罢不能。既竭吾才，如有所立卓尔，虽欲从之，末由也已。”（《论语·子罕》）

这一章前面已讲过，此处不再赘述，只不过这里面有两句话和我们刚才讲的第六篇第二十七章有相似之处，再对照讲一下。第六篇第二十七章说的是“博学于文，约之以礼”，这是孔子讲的。现在，颜回说他的老师对他“博我以文，约我以礼”。你看，这两句话的意思是完全一样的，只不过是主动方和被动方换了而已。孔子是从主动的角度来说的，君子应该博学，然后以礼来自我约束。而颜回是从被动的角度来讲的，老师对我的教导是以文化典籍来使我博，然后以礼节来对我进行约束。

把这两章内容一起对照着来看，我们看到孔子是这样说的，也是这样做的。孔子说，君子应该这样自我要求；作为一个老师，他对学生也是用这样的一种办法来教导他们，引领他们，使他们走在人间的正道上。

孔子努力地让他的这些学生成为一条河流，这条河流里面有着丰沛的水，但同时又有它的方向。孔子不正是这样来冀望于一个民族吗？他甚至也是这样来冀望于全人类的。我们的思想应该更加的丰富多彩，但同时也应该正道直行。

无论是自我学习，还是学校的教育，我们从这两章内容里面可以得出教育的真谛。作为一个老师去教育别人，也要记住这两句话，“博学于文，约之以礼”。我们不仅要教他知识，更要教他价值观；不仅要让他的人生丰富，更要让他的人生有方向。

活到老，学到老

子曰："饭疏食，饮水，曲肱而枕之，乐亦在其中矣。不义而富且贵，于我如浮云。"（《论语·述而》）

孔子说："吃粗粮，喝冷水，弯起胳膊当枕头，乐趣也就在其中了。用不义的手段得到的富与贵，对我而言那就如同天边的浮云。"这一段话讲得真是特别的潇洒。

特别是最后一句，"不义而富且贵，于我如浮云"，你仔细揣摩孔子当时讲这句话的时候，内心是何等的自足，何等的淡定，何等的轻松和逍遥。这是大潇洒。

"饭疏食"，这个"饭"当动词讲，就是吃的意思；"疏食"的"疏"是粗疏的食物，就是粗粮。

"饮水"的这个"水"不是泛指的水，而是特指的冷水。古代称热水为"汤"。饭疏食，喝凉水，曲肱而枕之，甚至枕头都不需要去外求，弯起自己的胳膊就是枕头。把头放在自己的胳膊上，然后一觉睡去，非常的坦荡。

我看过贾平凹写的小说《废都》，这部小说当时引起很大的争议。但是，里面有一句话，我特别喜欢，他说："睡在哪里不都是睡在夜里。"你就是睡在皇宫里，你也是睡在夜里；你睡在贫民窟里面，你也是睡在夜里。

关键是什么让你能够睡得踏实呢？心中坦荡。所以，"君子坦荡荡，小人长戚戚”，这不只是一种个性，君子就是心胸比较宽广，而小人就是反复计较。但是还有一点，君子之所以坦荡荡，是因为心中无鬼没有名缰利锁的羁绊；小人之所以长戚戚，那是因为心怀鬼胎，追名逐利不死之休。

所以，孔子讲，“不义而富且贵，于我如浮云”。给我富贵当然好，但是要我用不义的手段来获取富贵，那我就挥一挥手，不带走一片云彩。因为用不义的手段获取富贵，我们为这个富贵所付出的成本就太高了。一旦不义，做贼心虚和道德上的自责，就会把我们的心境破坏殆尽。我们通过不义得到富贵，却又由于不义而失去心灵的安详，没有了心灵的安详，幸福从何而言呢？

好，我们来看第七篇第十七章——

子曰：“加我数年，五十以学，亦可以无大过矣。”（《论语·述而》）

这一章，我要特别加以说明，很多的版本是这么讲的：“子曰：‘加我数年，五十以学《易》，可以无大过矣。’”

对这样的一个文本，我一直有怀疑。为什么呢？因为我们不能说孔子到50岁才开始研究《周易》，这个确实是怎么也说不过去的。孔子30岁就已经做老师了，他做老师的时候教授6本书，也就是我们后来称之为六经的《诗》《书》《易》《礼》《乐》《春秋》，怎么到50岁以后才学《易》呢？这个在事实上讲不过去。

所以，钱穆先生就认为，这个《易》，应该是“亦”，就是当

"也"字讲的。我觉得这种说法是有道理的。

孔子说："再增加我几年寿命，学到50岁也就可以没有大的错误了。"

你看，增加数年寿命，学到五十岁，他觉得就可以没有什么大的过错了。实际上，我们说，这就是孔子活到老学到老的例证，古人五十为老。孔子没说没有一切过错，只是说没有大的过错。

当然，孔子这句话还给了我们一个启发，那就是学习的目的是为了认知世界。但是，更重要的是，学习也是为了认识自己，减少自己的过错。

以前卫国的一个君子，叫蘧伯玉。蘧伯玉就有一个特点，就是"行年五十而知四十九年之非"，就是到了快五十岁的时候他才知道前面四十九年还有很多的错误。

也许孔子就是这个意思：等到他到五十的时候，大概就能够像蘧伯玉那样，知道前面四十九年还有哪些不足和错误。

有一天，蘧伯玉还派了一个使者来看望孔子，孔子就问了这个使者："你们家老先生最近在干什么？"这个使者说了一句话，孔子特别感动，大加赞赏。使者说，"我们家老先生在家里面就做一件事，只不过还是没做好"。什么事呢？"欲寡其过而未能"，意思是"我们老先生整天在家做的事情就是天天想着减少自己的过错，只不过他还是没有能够做到"。孔子说，这个使者太会说话了。（《论语·宪问》）

孔子还说："古之学者为己，今之学者为人。"（《论语·宪问》）“为己”就是减少自己的过错。所以，我也想跟大家提个醒，我们学习是为了增长知识，但是这个真的不重要，重要的是，通过学习，我们要更好地认识自己，然后减少自己的过错。

好的，我们再看第七篇第十八章——

子所雅言，《诗》《书》、执礼，皆雅言也。（《论语·述而》）

什么叫雅言呢？雅言是相对于各个地方的方言而言的，如同今日的普通话。比如说，《诗经》里面风雅颂的雅，分大雅和小雅，这个雅指的就是当时西周的政治中心——镐京附近的方言，这些地方的方言是当时西周的官方语言，所以叫雅言。《诗经》里面的大雅、小雅是当时首都镐京周围的这些大夫们当时的官话写的，所以叫大雅、小雅。

平时讲话，孔子用的可能是鲁国的地方方言，但是，孔子在读传统经典的时候，比如说在读《诗经》《尚书》的时候，以及在主持礼仪，当司仪的时候，他用的就是雅言。

比如说，我们平常说话，可能真的就是用方言，但是在讲课的时候，那就一定要用雅言了，就是要用普通话了。

我们通过这一章可以知道，在孔子的时代，当时肯定有很多不同的方言。但是为什么孔子一定要在这个时候强调用雅言呢？这是对文化的尊重，也是为人的庄重，也是对政治权威的认同，天下一家的理想就在雅言之中。一个国家一定要有统一的语言，或者叫国语，我们今天叫普通话。

虽然，现在很多地方也说要保护方言，比如说上海有很多人呼吁，要保护上海方言。我们说这两者都有道理，保护上海的方言，这是保护当地的一种文化传统、文化特色。当地的方言也是这个地方的文化，当然要保护。但是，为什么又特别强调推广普通话，又特别强调在一些比较庄重的会议等场合，一定要讲普通话呢？因为这是对天下一家的认同，是对政治权威的认同。文化很重要，政治有时候更重要。

好学与勤学而已

子曰："我非生而知之者，好古，敏以求之者也。"（《论语·述而》）

孔子的意思是说，"我不是生下来就懂得知识的人，而是爱好古代文化，勤奋地追求知识的人"。

在《论语》第十六篇第九章，孔子还有这样的一段话："生而知之者，上也；学而知之者，次也；困而学之，又其次也；困而不学，民斯为下矣。"

我们可以把这两章放在一起来看，因为它们都讲到了"生而知之"。

这两章看起来好像是在讲"人"："生而知之者"，生下来就知道的人；"学而知之者"，通过学习而知道的人。看起来每一句都在讲人，实际上是在讲"学"。为什么呢？因为人最大的能力就是学。万物都有它自己的生而知之的能力。比如说，蜘蛛生来就会结网，螃蟹生来就会打洞。植物也是如此，树生来就有根，它那个根就自然地能够汲取土壤中的营养和水分。但是人不一样，人一生下来，实际上没有什么能力。人一生下来，如果像植物一样，或者说像一般的动物一样，你把他抛弃在大自然之中，不给他相应的帮助，那人一定会死掉。

看起来上天对人好像不够关心，给其他动物都赋予了生而有之的自我生存的能力，为什么没有给人这样的能力呢？

实际上，上天给了人最重要的能力，那就是学习的能力。它给了人学习的能力，实际上也是赋予人一个更重要的使命——通过学习去获得维持自己生命的能力，获得提升自己生命的能力：把性命提升为生命，再把生命提升到使命。

所以，上天是最爱人类的，因为它赋予了人学习的能力。孔子一辈子就是把学看成人最重要的一个使命。

一部《论语》不就讲学吗？开头的第一句就是“学而时习之，不亦说乎”。孔子之所以能成为圣人，不也是通过学吗？

孔子认为，生来就知道的，那是上等人；经过学习然后才知道的，那是次一等的人；实践中遇到困难，然后再去学习是再次一等的人；遇到不懂的还不学习，这样的人就是完全没有希望的下等之人了。

我们知道，孔子还说过这样一句话，叫“唯上智与下愚不移”。上智之人和下愚之人，是没法改变的。为什么没法改变呢？上智之人生而知之，所以没法改变；下愚之人困而不学，所以也没法改变。

前面提到的孔子所讲的四种人中，上智之人就是生而知之者，下愚之人就是困而不学者，这两种人实际上是没有什么可以讨论的。生而知之的人，有这种人吗？还真的不知道，那只是一种理论上的存在。孔子说话不绝对，他虽然自己没有见过生而知之之人，但是也许有呢？所以，他把这种人当成一种可能的存在，放在这个地方，存而不论。

在这四种人里面，真正值得讨论的就是学而知之和困而学之这两种人，这两种人实际上也就是孔子所说的中人以上之人了。

孔子曾经讲过一句话："中人以上，可以语上也；中人以下，不可以语上也。"（《论语·雍也》）就是说中人以上，你可以告诉他学习的道理，哪怕他不懂，他通过学习，也会领悟这个道理，所以这种人可以教。

中人以下就不可以教了，为什么？"不可以语上"。你跟他讲上等的道理，跟他讲形而上的道理，跟他讲人生的道理，你跟他说人应该有所努力，应该有所担当，应该有所提升，他对此置若罔闻，那你对这种人也就没有什么可说的了。

后来孟子讲过一句话："自暴者，不可与有言也；自弃者，不可与有为也。"（《孟子·离娄上》）就是说，一个人如果自暴自弃了，不值得跟他说话，也不值得和他共事。为什么？因为他自己都放弃了自己，他自己都没有自尊、没有自信，那么跟他在一起，你能有什么作为吗？

所以，人首先要有上进之心，然后别人才有可能提携你，首先要有成长之心，然后别人才有可能栽培你。那么，这样的人学而知之，或者说哪怕一开始没有意识到学习，但是在生活中，在实践中，感觉到了自己的不足，感觉到了自己的人生的困境，为了突破这个困境，必须努力去学习，意识到了要学习，就开始学习了，然后突破了自己的局限。这就叫中人以上，这才是我们值得去讨论的两种人，或者说两种现象。

《中庸》说："或生而知之，或学而知之，或困而知之，及其知之，一也。”这句话也是说有些人是生而知之的，有些人是学而知之的，有些人是困而知之的。这看起来有所不同，但是他们最终都领悟到了生命的价值，就这点而言，他们是相同的。

在生而知之、学而知之、困而学之、困而不学这四种境界里面：第一，做自己可以做的，而不求自己不可以做的。什么是自己可以做的？那就是学而知之、困而学之，这是可以做的。生而知之，不是你努力就能达到的。

所以，人生在世，要努力于自己可以努力的，而不要在不可以改变的这些地方反复地怨天尤人。比如说，抱怨自己为什么没有生来更聪明一点呢？为什么自己不可以拥有更高的情商啊？这种抱怨实际上很无聊，没有意义。要改变必须从自身现有条件着手。

明白这个道理，回头再来看《论语》第七篇第二十章孔子的这句话，就能领悟得更好了。

孔子说，“我非生而知之者”。看看，孔子明确地说了，说他自己不是生而知之的上智之人。他不过是非常爱好传统文化，然后勤勉地加以追求，加以学习，才获得了这样的境界的。

我们再解释一下这个“好古”。孔子在《论语》里面有几次讲到“好古”。说爱好古代，实际上指的就是爱好古代文化。

为什么呢？因为文化的核心要素就是时间，就是历史。任何一种现象，任何一种知识，任何一种事实，如果它没有时间的这样的一个概念，没有一个历史的积淀，那么它就不可能成为文化。举一个最简单的例子，比如说在三十年之前，只能说计算机技术，只能说计算机终于出现了，甚至渐渐地小型的家用计算机也可以走进千家万户了，随之发展而来的是计算机技术。但是，几十年过去了，计算机技术越来越成熟，也开始逐渐地形成了自己的文化。那么，为什么三十年以前我们不说它是文化呢？因为三十年以前它只是一个技术，只有经过三十年的发展，形成了它的历史，在历史发展中不断地影响人类，才形成了文化。

一个民族也是如此，一群人在一起，那只叫人群；如果这一群人祖祖辈辈在一起，积累了多少代，我们可以说他就是民族了，因为他有文化了，有历史了。1620 年 102 名清教徒跑到美洲大陆，我们只能说是一群人。但是，经过三百多年，他们形成了自己的文化，于是就形成了民族，我们现在称之为美利坚民族。

所以，民族的概念里面最关键的、最核心的就是文化。而文化的概念里面，最关键的要素之一就是时间，就是历史。没有时间和历史，就不可能形成文化。

所以，孔子这地方讲的“好古”，是用时间和历史的概念，来代替文化的概念。所以，好古就是爱好文化。

爱好文化下面还有个“敏以求之”，这个“敏”是敏捷、勤勉的意思，不是聪明的意思。孔子当然足够聪明，但是，孔子在这里主要跟我们讲的是敏捷，是勤奋，是毫不懈怠地去求知，去追求文化。

所以，孔子这一句话里面，实际上在告诉我们，他为什么有那么多的知识呢？他为什么有那么高的境界呢？他为什么有那么好的悟性呢？他为什么能够穿透生活中文化的纷纭复杂的表象，看到了一般人看不到的本质呢？

是因为他有两个特点：第一，好学；第二，勤学。

所以，“好古，敏以求之者也”的第一关键词是“好”，第二关键词是“敏”。爱好它，勤勉地去追求它。人生如果对一件事情没爱好，那自然也就不用谈追求了。有了爱好之事并且要有所成就，那你必须勤勉。

“卑贱”的技艺与孔子的“无知”

太宰问于子贡曰：“夫子圣者与？何其多能也？”子贡曰：“固天纵之将圣，又多能也。”子闻之，曰：“太宰知我者乎！吾少也贱，故多能鄙事。君子多乎哉？不多也。”（《论语·子罕》）

这段对话里有一个叫太宰的人，有人说太宰是他的官名。有一天，他碰到孔子的学生子贡，问了子贡一个问题：“你们家的老先生是一个圣人吧，他怎么这么多才多艺呢？”子贡就说了，“这没错啊，本来就是上天让他成为大圣人，又使他多才多艺的呀”。孔子听了以后，说：“太宰了解我吗？我少年的时候贫贱，所以会许多卑贱的技艺。君子怎么会有这么多的技艺呢？他们不会有很多的啊。”

太宰的这一个问题，实际上还是很触动孔子的心事。孔子是圣人吧，他怎么这么多才多艺。

在孔子的时代，“圣”实际上有两种含义：一种是指圣知，即具有广博的知识和多项的才能；第二种指的是德行高尚。

后世关于“圣”这个字的理解就偏于后者了，主要是指大德之人。德配天地之人叫圣人。但是，很多人还是认为，圣人就是有很多的知识和才能的人。太宰也是这样的一种想法。

我们前面说这句话很触动孔子的心事。为什么呢？孔子说，“我之所以多才多艺，那是因为我少年之时出身低贱，为了养活自己，所以学会了很多的鄙事”。这个所谓的“鄙事”是指下层人谋生的手艺。

我们常常说，现在的孩子的动手能力太差了，光会学习做作业，连家务都不会做。动手能力这么差，怎么办呢？学校应该多上手工课。我觉得这些都是伪命题。实际上，孩子的动手能力是不可以，也没必要让学校来教的。学校施行的是有限的学时里面的有限的教育，所以它只承担有限的责任。你不能什么都让学校来教。像培养动手能力，实际上是家庭的责任，你让他多做做家务，让他洗洗碗，甚至让他炒炒菜，他不就有动手能力了吗？在家里面什么都不让他做，然后怪他没有动手能力，接着怪学校没培养他动手能力，这显然是打错了板子，怪错了对象，更糟糕的是把教育的方向给扭曲了。

孔子的动手能力是生活造就的，不是在学校学会的。

可是，孔子实际上对一个人的多知并不是很赞赏，也并不是很鼓励，对别人的多能，他也并不觉得很重要。因为一个人有多种的生活技能、掌握很多的知识，当然很不错，但这并不是人生的必要。

在人生里面有太多的技能，我们都不会。这个世界有太多种职业，有太多种生活技能，你才会多少？对于无穷的知识，没有了解，又怎么样呢？真的不了解，也没有关系。重要的是，你有没有一个判断是非的能力，有没有正确的价值观和信仰。

所以，孔子讲“君子多乎哉？不多也”。君子实际上并不需要太多的知识和技能，君子需要的是判断力。孔子讲“君子不器”，意思是说君子不取决于具体的某一方面的能力，君子是一种素质，一种德行。

决定一个人是不是君子，决定一个人是不是圣人，不是看他的知识的总量，而是看他判断力的高低。荀子就曾经讲过，掌握了某一些知识对个体来说没有多大的改变，知道这个知识也不能因此就成为君子，不了解这个知识，也不因此就成为小人。

你不会弹钢琴，你就不是君子吗？你不会跳舞，你就不是君子吗？你不会换灯泡，你就不是君子吗？……显然，对个体来说，会不会这些都没有关系。

当然，我们说拥有生活中一些相应的技能是很重要，但是那只是生活的一方面的技能而已，人不可能什么都会，人也没必要什么事情都自己去做。这是一个合作的社会。你可以使用手机，但是你不一定非要去制造手机。所以，很多的生活技能对我们来说，拥有了固然不错，没有拥有也没有关系。重要的是，无论你是买手机的，造手机的，还是卖手机的，都必须要有正确的是非观。一个造手机的人如果没有是非观，他有可能会造出一个假冒伪劣的商品；一个卖手机的没有是非观，他有可能会卖给别人一个假冒伪劣的商品。这才是问题的关键。

我们接着往下看——

牢曰："子云：'吾不试，故艺。'"（《论语·子罕》）

这个牢是谁？不知道。但是，我们可以判断，他是孔子的学生，因为他在转述的话里面说，老师曾经讲过一句话，“因为我没有被任用为官，所以我为谋生而学会了多种技艺”。

孔子在前面说，“吾少也贱，故多能鄙事”；在这里讲，“吾不试，故艺”，两者恰相呼应。

孔子接下来又讲到了知识的有关问题。

子曰：“吾有知乎哉？无知也。有鄙夫问于我，空空如也。我叩其两端而竭焉。”（《论语·子罕》）

从古至今，人们对这几句话的解释，有种种的不同。这几句确实不大好理解。“有鄙夫问于我，空空如也。”“空空如也”是指我空空如也呢，还是这个鄙夫空空如也呢？“我叩其两端”，这两端指的是什么呢？“而竭焉”的“竭”又是什么意思呢？“竭”了以后又会怎么样呢？都没有说明。所以，这一章就有无穷的解释，说不大清楚了。没有关系，我们可以把它先放到这儿，不管它了。

你说我们读《论语》怎么能不管它呢？钱穆先生是真正读通了经典的人，他说，要求一个人把经典里面的每一篇每一章每一个问题都搞清楚，这恰恰是不懂经典的人。钱穆先生非常明白，一部《论语》经过两千多年的沉淀，虽然有那么多的学者不断地研究、考订、训诂，也仍然有很多东西是没有一个标准答案的。

这一章里面，能说的就是前面的两句：“吾有知乎哉？无知也。”这话说得太明白了：“我有知识吗？我没有知识啊。”

这一句话可以和孔子在另外一个地方所说的话相印证。

有一次，孔子问子贡："端木赐啊，你是不是认为我学了很多，又都把它记下来，所以我就成了圣人了？"端木赐就说了，"是啊，老师，难道不是这样吗？"孔子说："非也，真不是这样。"

所以，孔子并不认为自己之所以有这么高的地位，获得别人的尊敬是因为自己有很多知识。你看，这个地方他就明确地说了，"吾有知乎哉？无知也"。

有很多人说，这是孔子谦虚。没错，孔子是很谦虚，并且孔子也确实有很多知识。但我们必须明确认识到，孔子之所以伟大，不是因为他有很多知识，因为按照孔子的知识总量来说，我们所有受过基础教育的人，我们的知识总量都肯定已经超过孔子了。我们今天拥有很多孔子根本都无法知道的知识。

比如说我们知道太阳和地球的关系，孔子知道吗？他就不知道，他甚至不知道太阳是早晨离我们近，还是晚上离我们近，这个问题我们今天的小朋友都可以解答出来了。但是，孔子他就解答不出来。这不是谦虚，这是孔子告诉我们，知识于人而言很重要，但是也并不是那么重要。

孔子这一句话，我们可以把它和苏格拉底的一句话做一个互相的印证。苏格拉底说，"我唯一所知的是我一无所知"。孔子之所以比我们高明很多，是因为他已经超越了知识，他知道自己是无知的，知道就人类整体而言，面对这个浩瀚无际的世界，从知识的角度来说我们都是无知的。所以，人类要让自己伟大，可能真的不是要尽可能多地获取知识，而是要让人类尽可能多地获得自我的尊严。我们不要和这个世界比广博，我们要和这个世界比高尚。

好古的孔子

子欲居九夷。或曰："陋，如之何？"子曰："君子居之，何陋之有？"（《论语·子罕》）

很多人都知道"何陋之有"这句话。因为唐朝的一个作家刘禹锡，曾经写过一篇《陋室铭》，《陋室铭》的最后一句就是这句话，"孔子云：何陋之有？"

我们很多人记住的成语和名言，都不是从它最初的、最原始的出处记住的，而是从二手资料中记住的。这个当然没有关系，也是一种很好的学习方法。但是，最好的学习方法是我们去从知识最初的、最原始的出处学习。

我的一个朋友，在大学里面教大学语文。有一天，他发了一条微博，微博上面就是三个字，"气死了"。我就往下面看是怎么回事，因为下面是他发的几张照片。这些照片是他期末考试的时候出的一份试卷，试卷的题目是这样的："请指出下列成语的出处。"他在下面列了大概十几个成语，每个成语后面加一个括号，希望学生写出这些成语的出处。有个学生在所有的括号里面都填上了这么一句话：见《成语辞典》。学生觉得不是说要我找出这个成语的出处吗？所有的都是见《成语辞典》，所以，这个老师要"气死了"。

我们很多人确实是通过《成语辞典》来学成语的，但是，通过《成语辞典》来学成语，那不是做学问的正道。正道是，你必须从它最原始的出处去学习。这样你才能够对一个成语有非常准确的把握。

为什么有的人用词用得那么准确？就是因为他是从这个词最原始的出处里学到的这个词。而且，只准确还不行，还需要有一个特别的分寸感。这种分寸感，那是非读原著而不可得的啊。

在大学里面，比如说搞“三古”（古代文学、古代哲学、古代历史）的老师，因为他们经常看古典文献，所以他们的文字往往很典雅，分寸感极强。他们的语言来自原典，而不是二手资料。

我们回头来看这一章。

孔子想到九夷去住。九夷是什么地方？我国古代称东部的少数民族为夷。那么为什么叫九夷呢？有的人说，这就是指九个不同的部族，或者说是对东部夷族地区的总称。因为夷里面又分好多的部落。所以，对中原地区的人来说，那个地方说不清，反正有好多派别。怎么办？搞一个九，九表示多嘛。也就是说那些夷族有好多种，放到一起，总称叫“九夷”。孔子就想到九夷，到东部，那个落后的少数民族的地方去居住。

你说孔子真的要到那地方居住吗？显然不是。孔子在中原地区，他有失落之感，有失败之感，有失望之感，在这个失落、失败和失望之中，他遥望蓝天，遥望东方，就说了一句话，算了，咱们干脆别在这儿待了，咱们就去九夷吧。

大家都知道，老子不是也曾经出关而去吗？老子出关是往西走，孔子欲居九夷，那是往东走。这个儒家和道家还真的是方向不同，但是意思都是一样的，也就是这个地方让我太失望了，已经待够了，想换一个地方吧。

当然，老子是否付诸实践了，根据司马迁的记载，他真的走了。但是，孔子有没有实践呢？没有。这也就是儒道的区别，道家往往转头就走，而儒家往往是一步三回头，最终没走成。为什么？儒家舍不得。不是舍不得自己熟悉的生活，不是舍不得丢下自己的那些坛坛罐罐，而是丢不下这群人。

孔子说："鸟兽不可与同群，吾非斯人之徒与而谁与？"（《论语・微子》）

这里讲到了"群"，讲到了"斯人"。"斯人"就是眼前的这些人。眼前的这些人固然让我们失望，眼前的这些人固然不开化、不开窍，都是一帮愚氓，但是我们之所以活着，不就是要开导他们吗？我们的工作、我们的价值不就是要让他们觉悟吗？

孟子讲，我们是先觉之人，先觉之人的责任和担当就是"以先觉觉后觉"，怎么能够抛弃他们呢？

所以，老子出关后真走了。"子欲居九夷"，只不过是"欲"而已，而这个"欲"也不过是一些情绪的流露而已。不要以为孔子真的去九夷了。真没去，孔子干什么去了？他到中原周游列国了。还是在人群之中，还是想改变这个社会，改善这个世道。

但是旁边就有一个人当真以为孔子要去九夷了，就说了一句话："老师，那个地方很落后啊，怎么办呢？"

讲到落后，孔子一下就觉醒了，这个觉醒不是说一下意识到那个地方不能去，而是一种责任的觉醒，一种担当的觉醒。虽然那地方很落后，那里的人很固陋，但是君子在世不就是要教化众生来改善世道的吗？所以，他马上就来了一句："君子居之，何陋之有？""陋"，没关系啊，君子去了，那地方还落后吗？有君子的地方，怎么会落后呢？因为君子本来就是传道的人，就是传播文化的人，就是要教化落后的人，把那里的人教化好了，自然也就不落后了。

所以，简言之，"子欲居九夷"，是孔子对中原地区的失望，而"君子居之，何陋之有"则是孔子的希望。

刚刚是失望，马上又充满希望。

孔子最终也没有去九夷，在周游列国之后，他在 68 岁之时，还是回到了鲁国。我们看看下面的第九篇第十五章，就讲到这个事儿。

子曰："吾自卫反鲁，然后乐正，《雅》《颂》各得其所。"（《论语·子罕》）

孔子说："我从卫国返回鲁国，然后把乐曲进行了整理，进行了订正，使得《雅》和《颂》都各得其所。""自卫反鲁"，也就是结束了 14 年的周游列国的生活，在公元前 484 年，鲁哀公十一年的冬天孔子从卫国返回鲁国。返回鲁国的孔子干什么去了？当然不愿意再去做官了，他干了两件事：第一，继续教学生，继续招收学生。所以，孔子的最后一批学生就是从这个时候开始聚集到他的门下的，像子夏这样的人估计就是在这个时候到孔子那儿学习的。孔子的学生分成四期，这是孔子的第四期学生，也是最后一期学生。孔子仍然在从事着他的教育工作。孔子的教育生涯，真的是死而后已。

除了教育之外，孔子还干了一件事情，那就是整理古代的文化典籍。这个地方就讲到了《雅》《颂》，指的就是《诗经》，孔子从这个时候开始整理《诗经》。

所以，今天很多人说，《诗经》是孔子编撰的。司马迁就是这么说的，《论语》上孔子也这么说了，“自卫反鲁，然后乐正，《雅》《颂》各得其所”。

《诗经》的编撰问题，现在的学术界已经搞明白了。大家有一个比较一致的观点，《诗经》显然在孔子之前就已经编撰成册。但是，孔子对《诗经》一定进行过整理和修订。虽然《诗经》在当时已经编订成册，但是到了孔子的时代，有可能出现版本杂乱的情况，这也是很正常的，孔子根据他自己的学术观点和对音乐的理解，对《诗经》又重新进行了整理。这一点是没有疑问的。

我们今天读到的《诗经》，一定就是经过孔子整理之后的《诗经》。

当然，孔子在这一段岁月里面，不光是整理了《诗经》，他将六经都整理了。除了《诗经》之外，还有《尚书》《周易》《礼经》《乐经》《春秋》。在《论语》里面，他有两次讲到他自己好古，好古就是爱好古代文献，就是传授古代文化，就是整理古代的典籍。

那么，正《雅》《颂》也是他的重要的贡献之一。

有人说过，创造历史的最好的方法就是写历史。这一句话用在孔子的身上，还真的是非常准确。孔子通过对古代文化典籍的整理，重新阐释了中国的古代历史。从尧舜禹汤，到文武周公，我们今天看到的这些远古的历史，实际上都带上了孔子个人的色彩，是孔子阐释过了的历史，是孔子理解的历史，是孔子价值观中的历史。孔子用他好古的个性和爱好，用他对中国古代文化典籍进行整理的这样伟大而杰出的工作，给我们阐释并创造了古代中华文明史，也创造了人类的历史。

关于学习的小道理

子夏曰："虽小道，必有可观者焉。致远恐泥，是以君子不为也。"（《论语·子张》）

这一章是子夏的一段话。

子夏这句话我一直觉得讲得特别好，因为他直接地指出了我们一般人在读书学习时经常会犯的错误。

子夏的意思是说，这个世界上存在着很多的小技艺、小技巧，存在着很多琐碎的知识和信息。这些东西我们掌握了也是不错的，总有一点可取之处。比如说，你能补自行车轮胎，你能修马桶，你了解一些细微的知识、信息，知道中国历史上某个时候太监可以娶妻，还知道鱼香肉丝、宫保鸡丁的来历和做法，这些东西"必有可观者焉"，挺好。

但是，下面子夏给了我们一个非常严重的警告："致远恐泥。"意思是说，如果要凭借这些来通达大道，恐怕就有所妨碍了。是什么意思呢？子夏在这个地方用了一个"泥"字，这个字我觉得很好，你可以把它理解为滞留，可以把它理解为拘泥，也可以把它理解为纠缠，但我觉得还可以把它理解为一个名词——泥潭。海量的碎片化的信息和知识，就是我们认知上的泥潭，你一旦深陷其中不能自拔，想"致远"就很难了。

我们今天在互联网上能够获得很多的知识和海量的信息，也能在互联网上学一些手艺。但是，如果我们在自己人格成长的过程中，把所有的精力都耗费在碎片化的信息上，那么我们的认知能力很难得到提升，心智也很难得到发育。所以，在网络上学习的时候，我们一定要注意一点，知识如果不成体系，就是没有多少价值和意义的。

你学的某一个东西如果只是碎片化的，而不是一个完整的体系，也是没有意义的。零散的知识固然可以让你获得一些谈资，也就是“虽小道，必有可观者焉”，但是如果要通过这些来提升自己的认知能力，来发育自己的心智，提升自己的道德境界、人格境界，显然是远远不够的。所以，学知识一定要记住特别重要的两点：

第一，就单一的知识而言，要注意它的整体性。比如说《论语》这一本书，一定要整体性地去读，这是第一点。

第二，就一个知识体系来说，一定要有系统性。什么叫系统性呢？与《论语》有关的，能够构成完整的知识体系、价值体系的书，比如说读完《论语》之后，我们又读《孟子》，读《老子》，读《道德经》，读《庄子》，读《荀子》，读《韩非子》，等等。我们把这些书合起来一起都读了，这就构成了体系性。我们不仅把《论语》整体读了，还读了跟《论语》有关的先秦诸子的其他著作，然后在我们的知识结构里面构建了一个完整的知识体系和框架。

所以，我们在这儿最后做一个简单的重复，或者说做一个总结：千万不要深陷于海量知识和信息的泥淖，赶紧从这里面逃出来，然后我们开始完整地读书，有系统地读书。

好，我们再看接下来的一章。

子夏曰：“日知其所亡，月无忘其所能，可谓好学也已矣。”（《论语·子张》）

子夏说，每天学会一些过去所不知道的知识，每个月都熟记已经掌握的，就可以说是好学了。

知识是无限量的一个广大的体系，我们每天都能够让自己知识的边界向外面拓展一点、延伸一点，然后把所有拓展出来的、延伸出来的巩固住，这就叫好学了。

“日知其所亡”是把无知变成有知，“月无忘其所能”是把有知巩固成自己的领地。军事上有反对流寇主义的说法，学习上也不可以有知识上的流寇主义，学到了就把它记住，学到的知识就把它变成自己知识的领地。

子夏曰：“博学而笃志，切问而近思，仁在其中矣。”（《论语·子张》）

“博学而笃志，切问而近思”，这十个字我们很熟悉，复旦大学就把它刻在碑上，立于校园之内，作为校训，以激励莘莘学子。

“博学而笃志”讲的是读书人应该知识广博，志向坚定。“切问而近思”意思是读书人要能够关心现实，对现实社会问题发疑问，做思考。子夏说，如果能做到这十个字，那仁就在其中了，你就有仁德了。

“博学而笃志”，是一个学者应该具备的修养；“切问而近思”，则是一个学者应该具有的伦理关怀和对自身修养的关注。

“博学而笃志”是讲一个学者的体，“切问而近思”是讲一个学者的功用。学者的职责就是关心现实，关心当下，关心民生疾苦，当然也关心自身的修为。所以，这十个字应该成为一切学者的座右铭。

子夏曰：“百工居肆以成其事，君子学以致其道。”（《论语·子张》）

这两句话讲得挺好玩，第一句话实际上是一个比喻，或者说是一种激励，各行业的工匠待在作坊里以完成自己的工作，君子也应该致力于学习，以求实现自己的大道。连百工都不得休息，君子岂能懈怠呢？所以，这一段话说出了一个蒸蒸日上的世界，讲出了一个“天行健，君子以自强不息”的竞争世界。林无静树，川无停流，滚滚红尘，红男绿女，无不努力上进，于是这个社会就蒸蒸日上。森林之中，无论是乔木和灌木，都无不努力生长，于是大森林就欣欣向荣。有努力上进的人群，这世道就蒸蒸日上；有努力生长的植物，这森林就欣欣向荣。这世界就是一个竞争活泼的世界。这世界也因为大家都向上去努力，向前去奔跑，于是这个世界就变成了一个生机勃勃的世界。“百工居肆以成其事，君子学以致其道”，人人都在努力，我岂可以懈怠？

子夏曰："小人之过也必文。"（《论语·子张》）

子夏说，小人对过错一定会加以掩饰。孔子说过一句话，叫"过则勿惮改"，意思是有了过错，就不要怕去改正，改了还是君子。孔子还说过另外一句话，叫"过而不改，是谓过矣"，意思是有过错，改掉了，那就不叫过错了，那只是我们在进步的道路上所经过的一个必然的过程而已；有过错而不改，这个过错就一直跟随着我们，就变成我们人格的缺陷，变成我们事业的遗憾。

这一章，我们还可以和后面的第十九篇第二十一章放在一起看。

子贡曰："君子之过也，如日月之食焉：过也，人皆见之；更也，人皆仰之。"（《论语·子张》）

我们来做个比较。子夏说，"小人之过也必文"；子贡曰："君子之过也，如日月之食焉：过也，人皆见之；更也，人皆仰之。"子贡用了一个非常好的比喻，他说："君子固然也会犯错误，但是君子的犯错就如同日食和月食一样，犯错误的时候，人人都看得见，改正的时候，人人都仰望着。"天上发生日食和月食了，我们都能够看得见，但是日食和月食最终又能够恢复原样，这个时候我们都仰望着它。君子光明磊落，即使犯错误也不加掩饰，所以人皆见之。小人犯错误一定要加以掩饰，所以他犯了错误，我们往往是不知道的，我们不知道没关系，问题在于他自己也就不能够改正了。而君子改正错误是堂堂正正的，从来不扭扭捏捏、遮遮掩掩，也从来不加以掩饰，所以人皆仰之。我们仰望着天上的月亮，看着它的阴晴圆缺，同时也看着它由月食的状态一点一点地恢复原样。我们看到日食、月食，我们盼其复原，对君子的缺点与不足，也是这样的想法，这是君子为人爱戴之处，爱君子也就是爱其德，爱其坦荡，爱其不遮遮掩掩。

学而优则仕?

子夏曰:“仕而优则学,学而优则仕。”(《论语·子张》)

这一章是大家很熟悉的内容,不过很多人的理解都有问题。在20世纪初,我们在进行新文化建设,对传统文化进行反思的时候,曾经提出一个特别严厉的口号叫“打倒孔家店”。为什么要打倒孔家店,为什么要那样地反对孔子呢?我们当时觉得,孔子的一些做法对中国后来的落后有很大的影响。当然这是一种很大的误解了,任何一个国家、任何一个民族,都有它的传统文化,这种传统文化是一个民族未来发展的一个非常深厚的动力。当然,我们也都面临着一个与时俱进的问题。我们不能说因为传统文化需要与时俱进,就说传统文化是不好的,就要把它斩草除根,这实际上是一个非常极端的做法。直到今天,还有很多人对中国的传统文化,包括对孔子,还有这样一种很极端的观念。

我们反对孔子,其中有一条非常重要的理由就是,我们认为孔子把所有的学习和学问都跟做官联系在一起,中国古人的读书、学习不是为了探究真理,而是为了做官。很多人拿这一点来批判孔子。

孔子在《论语》里面明确地讲了一句话,叫“古之学者为己,今之学者为人”。孔子一直认为,学习是为了提升自己的修养,为了提升自己的境界,从来都没有说学习就是为了做官。当然,我们说一个人要做官，没有境界能行吗？一个人要做官，要为人民服务，要为国家服务，要为这个社会服务，他没有相应的能力可以吗？因为做官需要相应的能力，因为为他人服务需要相应的能力，这些能力都要学习，所以我们说学习当然是做官的一个必要条件。但是，我们不能倒过来说学习就是为了做官，而是要做官就必须学习。这一点关系我们把它颠倒了，也就说不清了。

那么，我们为什么说孔子开创了一个所谓的读书做官的传统呢？下面我们讲讲子夏这段话。

要讲明白这一点，我们先要从三个方面来看。

第一，我要告诉大家，你读了《论语》，就知道这一句话不是孔子说的，而是子夏说的。有许多人不细读《论语》，想当然地认为这是孔子说的。

第二，“学而优则仕”，难道是指学习优秀了就去做官吗？从逻辑上讲，学习不优秀就不能做官，但学习优秀了就要去做官吗？更何况，我要告诉大家，这个“优”不能够理解为优秀，而是指“优裕”，是指有充足的闲暇时间。我们现在讲优游从容的“优”，也是这个意思。

如果把这个“优”理解为优秀，那么第一句“仕而优则学”又怎么去理解呢？难道做官优秀了，就应该辞职来学习吗？这就更讲不通了。所以，我们说这个“优”首先就不能解释为优秀。其次，即使“优”可以解释为优秀，我们也只能说，学习优秀就能做官，而不能得出“学习优秀就必须做官”或“学习优秀就是为了做官”的结论。

事实上，子夏这里说的是孔门，包括子夏之门的一种学习的形式。“仕而优则学，学而优则仕”，正确的理解是做官而有余力就去学习，学习而有闲暇便去做官。做官有闲暇了，或者有间歇了，就来跟老师学习一段时间；学习有间歇，有机会了，也可以出去做做官，来去自由。这实际上是一种非常值得我们羡慕的生活方式。

要知道，孔子开创的私学，包括后来跟着他一起学习来做私学的子夏、曾子，以及战国时候的孟子、庄子，他们的这个学校和我们今天的学校都是不一样的。我们今天的学校有一定的学制、年龄、入籍和毕业的要求，但是孔子他们的这种私学是成人的终身学习的方式，没有学制，没有年限，没有时限，也没有入籍和毕业。所以，孔子的学生，比如说冉求、子路、子贡等，都是有时在学，有时在仕。仕与学，学与仕，这两种状态随时转换。

这是一种非常自由自在的生命状态的转变，我们如果把这一个做官的“仕”改成做事的“事”，事而优则学，学而优则事，就是做事有了闲暇我们就来读书，读书有了机会，我们就去做一点事儿，那就很好理解，很好接受了。这是多么好的生命状态，这真叫诗意的栖居。

后记

收入本书的内容，来自我在喜马拉雅上的《鲍鹏山讲〈论语〉》栏目，当时我拿着手机，随时随地地逐章讲解《论语》，有时在家，有时在宾馆。在家时，环境有时还不如在宾馆，那时隔壁正在装修，不时有电钻、电锯、榔头、锤子声响起。前面还有一户人家养着一条太孤独的狗，只要有人在路上经过，它就会叫上半天，以抒其寂寥，鸣其不平。我在家里拿手机讲，讲着讲着，狗叫了，我就停下来。等它不叫了，我再讲，过一会儿它又叫了。好歹它不叫了，隔壁的电锯、锤子又开始响了。

就这样，伴随着隔壁邻居一年的装修声和对面邻居狗狗的叫声，我也磕磕绊绊地把《论语》从头到尾讲了一遍，有 266 讲之多。老实说，很不满意。一来是因为环境，二来是想到哪儿讲到哪儿，想起啥就讲啥，没有安排和提炼。

后来，在“得到”做节目，感谢“得到”的大气，帮我把与他们完全无关的 266 讲转录成了文字，有 80 多万字。这世上，胖子一般大气憨厚，和罗胖的合作，除了感受到他们专业的严谨，还感觉到他们对嘉宾的宽松大气，一点也“不严谨”。这严谨与“不严谨”，我都非常喜欢。

现在，东方出版中心的编辑从 80 多万字中抽出 10 万字左右的内容，要出这样的一本书，我看了成稿，也是想选啥就选啥，没有特别的安排和主题。

但我还是首肯了。为什么？因为《论语》本来就浩瀚如海，你从哪里舀一瓢不可以？哪一瓢不是大海的水？此一瓢和彼一瓢有何分别？小溪流，清可濯缨，浊洗泥足；若大海，则清浊何分？濯缨濯足，亦无不相宜。本书不过《论语》之一瓢，读者食髓知味，可矣，足矣！

鲍鹏山

2021. 5. 24